Burgen und Schlösser

Deutschland

Schmid Verlag

Deutschland

Dutzende populärer Burgenbücher geben allesamt gleichlautende, vor allem aber unrichtige Geschichten wieder. Unser Bild des Mittelalters, und damit auch der Burg, ist weitgehend falsch, gründet auf freien Phantastereien des 18. und 19. Jahrhunderts.

Dieses Buch ist anders, weil es sich dieser Verantwortung stellt. Es entstand nicht nur am Schreibtisch durch das unkritische Zusammenschreiben anderer Bücher, sondern fußt auch auf professioneller Arbeit an zahlreichen Burgen und Schlössern. Vieles von an Objekten einzubringen, darunter auch mehrere Burgruinen. Diese stellen nicht nur ein Drittel der Burgen- und Schlösserlandschaft, sondern reizen und beflügeln unsere Phantasie in weit stärkerem Maße als intakte Burgen. Für den Burgenforscher sind sie deshalb

Burgen und Schlösser

Wer aber ein Buch über Burgen und Schlösser schreibt, steht nicht nur journalistisch in der Verantwortung, sondern auch hinsichtlich seines Bildungsauftrages. Er trägt Informationen in eine breite Öffentlichkeit, die diese vertrauensvoll annimmt und glaubt.

dem, was Sie hier erfahren, sind in der Tat eigene Forschungserkenntnisse, die noch nie veröffentlicht wurden oder zuvor nur in Fachblättern erschienen.

Gleichwohl will das vorliegende Buch kein trockenes Wissenschaftswerk sein, sondern gut lesbar neue, da wahre Geschichten erzählen und alte korrigieren.

Die Auswahl der in diesem Buch vorgestellten Objekte mußte natürlich extrem subjektiv sein. Deutschland hat weit mehr zu bieten als nur vierzig Burgen und Schlösser. Dennoch habe ich versucht, eine möglichst interessante Vielfalt besonders interessant, weil in ihnen zerstörende Um- und Ausbauten in einer Art Momentaufnahme plötzlich gut sichtbar aufhören und die Wände zumeist nicht mehr durch modernen Putz maskiert sind.

Dr. Joachim Zeune

Die in der Karte aufgeführten Zahlen geben die Seite an, in der dieses Objekt beschrieben wird.

Am Buchende sind die in dieser Karte enthaltenen Burgen und Schlösser mit postalischer Adresse aufgeführt.

Festung Königstein -
wo das größte deutsche Weinfaß stand

Ansicht von Westen: Trutzige Bastionen und drei Zugbrücken sicherten das Außentor (links), von dem im Felsinneren eine Rampe zum Plateau hochführte. Dort stehen u.a. die Georgenburg (links; erb. 1619), die Magdalenenburg (Mitte hinten; erb.1622/ 23), die Alte Kaserne (Mitte; erb.1589), das Alte Zeughaus von 1594 (rechts), die Friedrichsburg (1589; 1731 umgebaut; links hinten), die Garnisonskirche (Mitte hinten, mit Kapellenresten des 13. Jh.), mehrere Kasernen und ausgedehnte Kasematten.

Neben dem Ufer der Elbe ragt nahe Dresden ein mächtiger Tafelberg auf. Seine hohen senkrechten Felswände münden übergangslos in eine zinnenbewehrte Brustwehr, die eine 9,5 ha große Gipfelfläche umfriedet. Da dieses von der Menschenhand überformte natürliche Bollwerk eine strategisch wertvolle Lage an wichtigen Wasser- und Straßenwegen einnahm, kam ihm in militärischer Hinsicht durch alle Jahrhunderte eine herausragende Bedeutung zu.

Als „lapide regis" - Stein des Königs - erscheint die Burg erstmals 1241 in einer Urkunde des böhmischen Königs Wenzel I., existierte aber archäologischen Funden zufolge wohl schon im 12. Jahrhundert. Die späteren Festungsbauten des 16. bis 20. Jahrhunderts haben die mittelalterliche Burg, zu der schon 1379 ein kleines Städtchen am Bergfuß gehörte, weitgehend beseitigt.

In der Folge bauten zahlreiche sächsische Markgrafen, Herzöge und Kurfürsten wiederholt am Königstein, und selbst im Deutschen Reich kam es bis zur Aufhebung des Festungscharakters 1913 noch zu Modernisierungsmaßnahmen.

Kurfürst Friedrich August I., genannt „der Starke", weithin bekannt für seine Prunk- und Prahlsucht, hatte sogar eigenhändig angefertigte Entwürfe zum geplanten Ausbau des grauen Königsteins in ein prachtvolles Barockschloß beigesteuert. Seine großen Bauabsichten opferte er jedoch 1722 dem Entschluß, den berühmten „Faßkrieg" für sich zu entscheiden. In diesem aufsehenerregenden Streit wetteiferten die pfälzischen und sächsischen Kurfürsten um den zweifelhaften Ruhm, wer das größere Weinfaß bauen könne. Der Starke August triumphierte schließlich mit einem gigantischen Weinfaß, das in einem Felskeller

Seit 1955 beherbergt der Königstein ein Museum, das u.a. mit einer interessanten Waffensammlung aufwartet. Doch in erster Linie sind es der grandiose Ausblick und die spektakuläre Felsarchitektur, die alljährlich mehr als eine halbe Million Besucher anziehen.

Seine legendäre Uneinnehmbarkeit mußte der Königstein ab 1403 beweisen. Damals zog Markgraf Wilhelm I. von Meißen mit seinen Truppen vor die Burg, in der sich sein aufrührerischer Hauptmann Jeschke von Dohna verschanzt hatte. Der steile Fels erwies sich aber als unbezwingbares Bollwerk, denn über schwere Artillerie verfügte man damals noch nicht. Allein mit Armbrüsten, Pfeil und Bogen, Handbüchsen, Steinbüchsen und Sturmleitern war aber der gigantischen Naturveste nicht beizukommen. So blieb nur die langwierigste und teuerste aller Belagerungsmethoden: den Fels einzuschließen und die Burgbesatzung auszuhungern. Vier unangenehme Jahre lang wehrten sich die Verteidiger, bevor sie sich, demoralisiert durch ihre Hungersnöte, endlich ergaben. Jeschke von Dohna jedoch hatte sich schon längst aus der Mausefalle davongestohlen...

des Königsteins 1725 vollendet wurde und 238.000 Liter Landwein aufnahm (siehe auch Heidelberg!).

Der unwirtliche Fels, den 1698 und 1706 der russische Zar Peter I. sowie 1813 Napoleon zur Inspizierung seiner berühmten Festungswerke besuchten, diente wiederholt auch als Gefängnisstätte.

Stolpen –
Zwangswohnung der ungeliebten Mätresse

Blick auf die Hauptburg. Im Vordergrund der Seigerturm (1455 begonnen, 1560 aufgestockt), rechts davon der 1509 erbaute Johannis- oder Coselturm. Am Seigerturm wurde 1562 eine Turmuhr angebracht, deren Zifferblatt heute im Burghof steht.

Weithin sichtbar erhebt sich die vieltürmige Silhouette der Burg Stolpen von ihren kuriosen Basaltsäulen hoch über das Land. Das sehenswerte Natur- und Baudenkmal wird heute touristisch gut vermarktet, lockt mit einem vielseitigen Jahresprogramm voller „Events" und mehreren musealen Räumen. Fragwürdig bleiben allerdings solch publikumswirksame, aber realitätsferne Inszenierungen wie die Präsentation einer Folterkammer, die es ja vor dem 16. Jahrhundert auf einer Burg in Wahrheit nie gab und selbst danach nur ganz ausnahmsweise. Die meisten Folterkammern wurden erst im 19. oder 20. Jahrhundert auf Burgen eingebaut, um sie für den Tourismus gruseliger, d.h. attraktiver zu machen.

Fraglich ist, ob deutsche Ritter hier tatsächlich im Jahre 1121 eine Burg „von geschrothetem Holze" gegen die Böhmen errichteten. Sicher ist dagegen, daß das Bistum Meißen die neu gewonnene Region Stolpen im frühen 13. Jahrhundert durch den Bau einer Burg erschloß. Erst im Jahre 1559 konnte Kurfürst August I. in einem raffinierten Schachzug das strategisch bedeutende Amt durch Tausch erwerben und mit dem Ausbau der Burg zu einem befestigten Renaissanceschloß beginnen. Erneut gestaltprägend war der Umbau des ersten Burghofes ab 1675 in ein trutziges Festungswerk. Dieses bestand allerdings nicht einmal hundert Jahre, denn schon 1773 mußten baufällige Burgteile niedergerissen werden.

Napoleon ließ die strategisch bedeutende Burg nochmals 1813 instandsetzen, zerstörte sie allerdings kurz darauf bei seinem Rückzug aus Rußland im Zuge einer Politik der verbrannten Erde. Dies war nicht das einzige Mal, daß der Burg eine Zerstörung widerfuhr, denn fast alle großen Kriege seit den Hussiteneinfällen (um 1429) hinterließen sichtbare Beschädigungen an ihr.

Berühmt wurde die Burg als „Verwahrungsort" einer außergewöhnlich hübschen, intelligenten und selbstsicheren Frau, der Reichsgräfin von Cosel. In den Armen dieser jungen Schönheit wurde Kurfürst August der Starke derart schwach, daß er sich 1705 liebestrunken dazu hinreißen ließ, ihr schriftlich ein Eheversprechen zu geben. Als die Reichsgräfin sich zu sehr in seinen Lebenswandel einzumischen begann und sich zudem mit Magdalena von Dönhoff eine gleichsam attraktive, aber wesentlich genügsamere Mätresse einstellte, wollte Kurfürst August sein voreilig gegebenes Eheversprechen aufgelöst wissen. Doch die stolze Gräfin beharrte auf der Erfüllung des Kontrakts. So blieb Kurfürst August keine andere Wahl, als sie aus der Öffentlichkeit zu entfernen und auf der Burg Stolpen zu inhaftieren. Erst ihr Tod im Jahre 1765 beendete ihren unfreiwilligen Burgaufenthalt, auf den der Name „Coselturm" noch immer verweist.

Von der hochmittelalterlichen Burg ist kaum etwas erhalten. Die Türme stammen alle aus den Jahren kurz nach 1450 und sind schon für die Verteidigung durch Feuerwaffen eingerichtet. Bemerkenswert sind die vier hintereinanderliegenden Burghöfe und die 1561-63 geschaffene „Wasserkunst", mit der Quellwasser auf die 100 m höher und über 700 m entfernte Burg gedrückt wurde.

Küche der Gräfin Cosel im 1. Stock des Johannis- oder Coselturms. Nur die Innenarchitektur ist alt, die Einrichtung wurde

neu installiert und ist der Lebenssituation der Gräfin nachempfunden. Anna von Cosel starb 84jährig im Jahre 1765 nach 49jähriger Gefangenschaft auf der Burg Stolpen.

Gnandstein – burgenkundliches Kleinod

Gnandstein als hübsche oder malerische Burg zu bezeichnen, wäre vermessen: Massig, klobig, abweisend und grau erhebt sie sich wenig einladend von einem niedrigen Ausläufer des Erzgebirges. Und doch lohnt sich ein Besuch, denn die Burg hat nicht nur baugeschichtlich einiges zu bieten: Ihr Inneres enthält ein sehenswertes Museum, das mehrere barock und spätgotisch eingerichtete Räume, eine wundervolle Burgkapelle, einen romanisch rekonstruierten Palassaal, eine hochwertige Möbel- und Kunstsammlung und eine burgenkundliche Ausstellung umfaßt.

Wie fast alle Burgen wuchs auch die Gnandstein erst über Jahrhunderte zur heutigen mächtigen Gestalt. Ihre Gründung erfolgte um 1200 durch die Markgrafen von Meißen, die mit einer kleinen Ringmauerburg ihre Herrschaft ausbauten und festigten. Etwa fünfzig Jahre später brachte man diese Burg auf den neuesten Stand der Wehrarchitektur, indem man die gefährdete Frontmauer derart erhöhte, daß sie sich wie ein Schild vor die restliche Burganlage stellte. Unmittelbar hinter diese „Schildmauer" stellte man einen noch höheren Rundturm, der weitere Verteidigungsaufnahmen übernahm, aber auch die einschüchternde und beeindruckende Wirkung der Frontseite verstärkte. An der geschützten Südseite entstand ein kleinflächiger, aber schmucker Palas, der Wohnkomfort und Repräsentation in sich vereinte.

Um 1400 kam Gnandstein an die Herren von Einsiedel, die sie bis zur Enteignung im Jahre 1945 hielten. Sie zählten lange Zeit zu den wichtigsten und reichsten Adelsgeschlechtern Sachsens, wobei vor allem Heinrich von Einsiedel, der Gnandstein 1461-1507 besaß, den Familienbesitz beträchtlich vermehrte. Er stand als Geheimer Rat der Kurfürsten von Sachsen in hohem Ansehen, erwarb Anteile an mehreren Silberbergwerken und gelangte dadurch zu beachtlichem Reichtum. Unter ihm verwandelte sich die Gnandstein in ein ansehnliches Burgschloß.

Gnandstein zählt zu den bedeutendsten Burganlagen Sachsens. Erhaben und abweisend ragen ihre dunklen Mauern über das Umland auf. Zur Feindseite hin wird die Burg durch eine hohe Schildmauer und einen dahinter gestellten Turm geschützt, beide aus der Mitte des 13. Jahrhunderts. Der Ausbau zu einem stattlichen Burgschloß erfolgte unter Heinrich von Einsiedel ab 1461. Die mittelalterlichen Burggebäude - romanischer Palas, Bergfried Ring- und Schildmauer - haben sich in eindrucksvoller Gestalt erhalten. Gleiches gilt für die Raumausstattungen der nachfolgenden Jahrhunderte. Heute beherbergt die Burg ein sehenswertes Museum des Freistaates Sachsen.

Die spätgotische, 1501-03 erbaute Burgkapelle zählt zu den imposantesten Baulichkeiten der Burg Gnandstein. Sie wurde 1968 behutsam restauriert. Ihr Bauherr Heinrich von Einsiedel stiftete jeder seiner drei Ehefrauen einen Seitenaltar. Den eindrucksvollen Marienaltar schnitzte Peter Breuer, ein bislang unbekannter Meister malte das Kunstwerk.

Auch sein Nachfolger Heinrich Hildebrand (1497-1557) ging als durchaus bemerkenswerte Persönlichkeit in die Geschichtsbücher ein. Geprägt durch seine humanistische Bildung und die Freundschaft mit Martin Luther, gelangte Heinrich Hildebrand zu einer ungewöhnlich liberalen Haltung gegenüber seinen ihm untertanen Bauern. Jene Frondienste und Abgaben, die seine Standesgenossen ohne Skrupel und Hemmungen arrogant und selbstverständlich beanspruchten, belasteten sein Gewissen so sehr, daß er schließlich kurz vor seinem Tod seinen Dörfern zahlreiche bedeutende Stiftungen vermachte.

Nur zweiunddreißig Jahre zuvor war der Bauernkrieg über Süd- und Mitteldeutschland hinweggefegt und blutig niedergeworfen worden, hatten sich die Bauern gegen ihre adeligen Ausbeuter empört. Seit alters her waren sie ihren Lehensherren zu Naturalabgaben, später auch Geldabgaben, sowie Fron- und Spanndiensten verpflichtet. Wie viel und wie oft, regelte das Gesetz. In einer sinnvollen und gesunden Symbiose trachteten beide Seiten danach, daß es der anderen gut ging: Man brauchte einander. Herr und Bauer lebten bis ins 14. Jahrhundert weitgehend friedlich miteinander. Dann geriet der Adel durch die aufblühenden Städte und Fürstenhöfe, durch neue Wirtschaftsstrukturen und Agrarkrisen zunehmend in Existenznot (siehe Einleitung!); das berüchtigte Raubrittertum kam auf, mehr und mehr Feudalherren sahen sich gezwungen, ihre Bauern rücksichtslos auszubeuten. Diejenigen, die sich gerade von den Folgen der Pest und anderer Naturkatastrophen zu erholen begannen, sahen sich nun ihrerseits in echte Existenznöte getrieben. Ermutigt durch das reformatorische Gedankengut, erhoben sie sich 1525 schließlich zu einem schlecht organisierten, chancenlosen Kriegszug. Wenngleich einige Ritter, wie der berühmte Götz von Berlichingen oder Florian Geyer, ihre Sache unterstützten, blieben die Bauern doch ungeübte Kämpfer. Schlecht bewaffnet und zudem unkoordiniert in Einzelhaufen agierend, stellten sie für die Heere des Adels keinen ernsthaften Gegner dar. Dreschflegel und Mistgabel gegen Hellebarde und Hakenbüchse - das konnte nicht gutgehen. Die Bauern gewannen nichts, mußten ganz im Gegenteil für die von ihnen verursachten Schäden auch noch tüchtig Geld hinlegen.

Festhalten wollen wir aber nochmals, daß es in der Hochzeit des Rittertums, im 11. bis 13. Jahrhundert, ganz anders aussah: Raubrittertum und ausgebeutete Bauern stellten die eher seltene Ausnahme dar. Wer eine Burg baute, mußte ab einer rechtlich fixierten Arbeitsleistung seine Untertanen entlohnen - daher bedeutete der Bau einer Burg in der Regel ein millionenschweres Unterfangen.

Zwinger in Dresden -

Festplatz der besonderen Art

Kurfürst August der Starke ging als prunksüchtiger und prahlerischer Herrscher in die Geschichte ein, womit er dem damaligen Ideal eines absolutistischen Fürsten voll entsprach. Mit seiner Person verbindet sich die barocke Bautätigkeit in Dresden aufs engste, denn nachdem man ihn 1697 auch noch zum König von Polen gekrönt hatte, genügte das altertümliche Dresdner Stadtschloß seinen neuen gesellschaftlichen Ansprüchen und politischen Ambitionen nicht mehr.

Um seiner Hofhaltung den entsprechend pompösen und zeitgemäßen Rahmen zu geben, ließ August im Dresdener Raum mehrere Schloß- und Palastneubauten aufführen, die heute unter dem Begriff „Augusteischer Barock" bekannt sind und zu den bedeutendsten Werken der barocken Architektur Deutschlands zählen.

Auch der viel bewunderte Dresdner Zwinger entstand im Zuge der Augustinischen Baulust und gilt als deren Krönung. Seine spezielle Funktion unterscheidet ihn auch architektonisch von anderen Barockbauten: Er diente nicht als Residenz, sondern als Festplatz, stellte eine raffinierte Kombination von Fest- und Gartenarchitektur dar, eine Art Festsaal im Freien. Hier gingen die sinnenfreudigen Barockhöflinge ihren unterschiedlichen Vergnügungen nach, hier fanden Ritterspiele, Theateraufführungen und auch die vom König hochgeschätzten Pferdeballette statt.

Der Name „Zwinger" geht auf die Lage des Bauwerks im Außenbereich der Dresdener Festungswerke zurück. Der Terminus „Zwinger" bezeichnete in der Militärsprache den Raum zwischen einer Hauptmauer und einer vorgelagerten Außenmauer. Heute erinnern hier an die verschwundenen Dresdner Festungswerke mit ihren gewaltigen Bastionen, Wällen und Gräben nur noch der Zwingerteich und der Zwingergraben.

Die barocken Steinbauten des sog. Zwingers hatten sogar einen direkten Vorgänger, denn anläßlich des Besuches des dänischen Königs Friedrich IV. errichtete man hier 1709 ein hölzernes Amphitheater bzw. Kolosseum. In ihm veranstaltete man zu Ehren des hohen Gastes ein spektakuläres Damenkarussell - ein Wagenrennen in römischem Stil, bei dem hochgestellte Persönlichkeiten die mit vornehmen Damen besetzten Wagen steuerten. So lenkte König Friedrich höchstpersönlich den Wagen der kurfürstlichen Mätresse Anna Constanze Gräfin Cosel, assistiert von niemand Geringerem als dem Kurfürsten, der als Vorreiter fungierte.

Blick von Osten über den barocken Festplatz auf den berühmten Wallpavillon (Hintergrund). Ihn flankieren der Mathematisch-Physikalische Pavillon (links) und der Französische Pavillon (rechts), in dem sich heute ein Cafe befindet. Der Dresdner Zwinger, 1711-28 im Auftrag des Kurfürsten August des Starken erbaut, zählt zu den absoluten Höhepunkten der Barockarchitektur.

Die schlanke Kuppel des Kronentores wurde dekorativ als gewaltige Krone ausgebildet. Auf ihrer Spitze sitzt eine kleine, von vier Adlern umgebene Krone. Sie symbolisiert die polnische Königswürde, die Kurfürst August der Starke 1697 verliehen bekam.

Fröhliche und glückliche Stunden erlebte das Liebespaar damals, und niemand konnte etwas ahnen von jenem traurigen Schicksal, das der jungen, aber machthungrigen Mätresse in fernen Jahren beschieden sein sollte (siehe Stolpen!).

Die glanzvollen Festlichkeiten beschloß ein prächtiges Feuerwerk, das die Teilnehmer von der Elbe aus auf Schiffen bewunderten.

August der Starke ließ anschließend das hölzerne Provisorium durch einen steinernen Neubau ersetzen, wobei die Bauleitung dem Landesbaumeister Matthäus Daniel Pöppelmann oblag. Ihn schickte August zuvor eigens nach Wien und Rom, um die neuesten Paläste und Gärten kennenzulernen, sich die allerneuesten Architekturtrends anzueignen. Maßgeblich beteiligt am Neubau war auch der Dresdner Hofbildhauer Permoser, der zuvor 14 Jahre lang Erfahrungen mit naturalistischen Skulpturen in Venedig, Rom und Florenz gesammelt hatte.

Der von Gottfried Semper 1847-54 geschaffene Galeriebau enthält Gemälde berühmter alter Meister, darunter

auch die „Sixtinische Madonna". Diese schuf der berühmte italienische Renaissancemaler Raffael (1483-1520).

Die Arbeiten am Zwinger begannen 1711 und endeten siebzehn Jahre später, wobei dieser ursprünglich nur als Teil eines weiträumigen, nie ausgeführten Bauprogrammes geplant war.

Pöppelmann schuf einen rechteckigen Festspielplatz, den symmetrisch angeordnete einstöckige Galeriebauten und zweistöckige Pavillons umrahmten. Der Haupteingang erfolgte von Süden her durch das zweigeschossige Kronentor an der Südseite, dessen Turmhaube dekorativ als gewaltige Krone ausgebildet war. Auf dieser wiederum saß eine kleine, von vier Adlern umgebende Krone - das Symbol der polnischen Königswürde.

An der Westseite befanden sich der Mathematisch-Physikalische Pavillon, der Wallpavillon, der Französische Pavillon und das in Grottenarchitektur ausgeführte Nymphenbad. Letzteres bestand in Anlehnung an die griechische Mythologie aus einer kleinen Kaskade, die Delphine, Tritonen, Najaden und Nymphen zierten.

Eine identische Anordnung zeigte die Ostseite mit dem Zoologischen Pavillon, dem Glockenspielpavillon und dem Deutschen Pavillon. Der Glockenspielpavillon verdankte seinen Namen einem in ihm aufgehängten Glockenspiel, das 40 Glocken aus Meißner Porzellan umfaßte.

Ursprünglich hatte man die Nordseite von Baulichkeiten freigehalten, um eine grandiose Blickachse auf die nahe Elbe anzulegen. Der berühmte Baumeister Gottfried Semper verstellte diese allerdings 1847-54 durch seinen Galeriebau, der heute eine Gemäldesammlung Alter Meister und ein Historisches Museum enthält.

Den architektonischen Höhepunkt und Blickfang bildete aufgrund seiner prachtvollen Architektur und Dekoration der westliche Wallpavillon, der mit seinen schwingenden Wandflächen und Dachformen eine schon fast rokokohafte Heiterkeit ausstrahlte. Durch das offene Erdgeschoß erreichte man eine raffinierte Treppenkonstruktion, die sowohl die Zwingeranlagen als auch die daneben liegenden Pavillons erschloß.

Permosers plastischer Schmuck, eine Vermengung politischer Symbole (Wappen) mit Figuren der antiken Mythologie, diente vorrangig der Verherrlichung des absolutistischen Auftraggebers. Wie viele großen Fürsten des Absolutismus personifizierte sich auch August der Starke im kraftvollen Halbgott Herkules (siehe auch Wilhelmshöhe!). Andere wiederum identifizierten sich gerne mit Apoll, dem Gott der Musen.

Schon 1719 konnte man im teilweise fertiggestellten Zwinger unter freiem Himmel die Heirat des jungen Kurprinzen Friedrich August mit Maria Josepha, Tochter Kaiser Josephs I., feiern.

Ungeachtet all ihrer glorreichen Festivitäten geriet die Anlage bald nach Augusts Tod im Jahre 1733 in Verfall. Katastrophaler wirkten sich freilich die Bomdardements im Siebenjährigen Krieg (1756-1763) und vor allem im verheerenden Luftangriff des Februars 1945 aus, als wesentliche Teile des Zwingers erheblich beschädigt wurden.

Die sorgfältigen und mühseligen Wiederaufbauarbeiten konnten 1964 abgeschlossen werden. Eine eigene Bauhütte kümmert sich heute um den Erhalt des weltberühmten Bau- und Kulturdenkmals.

Querfurt - Burg der Türme

Zu den wenigen Burgen, die unserer falschen Vorstellung einer „echten" mittelalterlichen Burg überhaupt gerecht werden können, zählt die riesige, mächtige und vor allem turmreiche Burg Querfurt. Nur der Umstand, daß sie sich von ihrem weiten Muschelkalkfelsen kaum über das Umland erhebt, führt zu leichten Irritationen, scheint sie doch eher wie eine vieltürmige Stadt in der Ebene zu liegen.

Die enorme Größe der Burg erklärt sich daraus, daß sie auf eine frühmittelalterliche Fliehburg zurückgeht. In dieser Wallburg setzte sich schon in den Jahrzehnten vor der Jahrtausendwende ein edelfreies Geschlecht fest, das sich nach der Burg benannte und diese bis zum Jahre 1496 hielt. Dieses Adelsgeschlecht erwuchs zu bedeutender Macht und großem Einfluß - was sich letztlich in der Burgarchitektur spiegelte.

Umfassende Forschungen, auch archäologischer Art, erbrachten den Nachweis einer frühen Steinburg aus dem 10. und 11. Jahrhundert, bestehend aus einer Ringmauer, mehreren Wohnhäusern, einem Torbau und einer kleinen Burgkirche. In den nachfolgenden Jahrhunderten baute man diese „Urburg" kontinuierlich aus, wobei vor allem die Turmbauten hinzugefügt wurden. Unter diesen nimmt der wuchtige runde Hauptturm, der sog. „Dicke Heinrich", eine Sonderstellung ein, handelt es sich doch um einen extrem großen Turm mit über vier Meter dicken Mauern, der weder Fenster, Kamine, Aborte, Treppen oder Gewölbe enthält - demzufolge unbewohnbar war. Die traditionelle deutsche Burgenforschung hat diese Haupttürme als „Bergfried" bezeichnet und als reine Verteidigungsbauten definiert. Sie sollen aktiv zur Verteidigung beigetragen und im Gefahrenfalle als letzter Zufluchtsort gedient haben.

Turmreich erhebt sich die Silhouette der Burg Querfurt. Der älteste Burgturm ist der „Dicke Heinrich" aus der 2. Hälfte des 12. Jahrhunderts (ganz links). Rechts von ihm steht der sog. „Marterturm". Im Hintergrund ragt die geschwungene Haube des „Pariser Turmes" hervor. Die Bastion im Vordergrund entstand im letzten Viertel des 15. Jahrhunderts, als man die Burg zu einer artillerietauglichen Befestigung ausbaute.

Besonders wehrhaft fiel die in der 2. Hälfte des 15. Jahrhunderts erbaute Westtoranlage aus, die mit riesigen Scharten für leichte Geschütze versehen wurde. Sie hatte auf der Außenseite einst vielgestaltigen Bauschmuck.

Dagegen spricht allerdings, daß die meisten Bergfriede selten Verteidigungseinrichtungen wie Schießscharten, Wurferker oder zinnenbekrönte „Kampfplattformen" aufwiesen und zudem oft recht kleinflächig ausfielen. Stattdessen zeichnen sie sich stets durch vorzügliche Steinmetzarbeit aus - was verwundert, wenn man ihre vermeintliche Funktion als Wehrbau bedenkt.

Tatsächlich galten Turmbauten schon seit dem berühmten Turmbau zu Babel als absolute Machtsymbole. Noch heute wetteifern Großbanken und Großfirmen darum, den höchsten Wolkenkratzer zu erstellen, um ihre Vormachtstellung und ihren Reichtum äußerlich zu dokumentieren. Der Burgturm war aber nicht nur von jeher ein Herrschaftszeichen schlechthin, sondern diente darüber hinaus auch als Auslug und Tresor sowie mitunter als Verwahrungsort für Gefangene. Er bot Schutz, ohne sich allerdings groß wehren zu können, stellte in erster Linie einen Imponierbau von bedingtem funktionalem Nutzen dar.

Richtig wehrhaft wurde die Burg Querfurt erst ab ca. 1460, als man ihre Verteidigungsanlagen durch den Zubau von Bastionen und schwer befestigten Toranlagen entscheidend zu verstärken begann. Heute ist die Burg restauriert, bewirtschaftet und museal erschlossen.

Bernburg -
wo Till Eulenspiegel Turmbläser war

Mit der Wiedervereinigung wurden auch die zahlreichen hochbedeutenden Kulturdenkmäler der neuen Bundesländer allen Deutschen wieder zugänglich. Denn was zuvor eine zusammenhängende, gewachsene und einheitliche Kulturlandschaft gewesen war, hatte der Mauerbau gewaltsam und sinnlos in zwei neue Länder geteilt.

Zu den herausragenden Baudenkmälern des Bundeslandes Sachsen-Anhalt zählt das Renaissanceschloß Bernburg, das einen hohen Sandsteinfelsen am Ufer der Saale krönt.

Dicht drängen sich die weiß verputzten Gebäude der Renaissancezeit mit ihren geschwungenen Giebeln, zierlichen Erkern und regelmäßigen Fensterreihen zusammen, immer wieder durchbrochen von steinsichtigen, beigefarbenen Baulichkeiten. Ganz offenkundig haben sich hier alt und neu zu einem uneinheitlichen Konglomerat vermengt, gut ablesbar am alles überragenden Bergfried. Diesem mächtigen Rundbau gelingt es trotz

Die Silhouette des Schlosses wird geprägt von weißgetünchten Renaissance-Bauten und älteren steinsichtigen Gebäuden. Eine hier schon im Jahre 961 erwähnte Burg wurde 1138 von den Sachsen in Brand gesteckt und danach wiedererrichtet. Sie diente ab 1245 der Bernburger Linie der Fürsten von Anhalt, dann den Fürsten von Anhalt-Bernburg bis 1765 als Hauptresidenz. Heute beherbergt das revitalisierte Schloß u.a. ein Regionalmuseum, das sich ausführlich dem Mühlwesen widmet und eine bedeutende Mineraliensammlung enthält. Großer Beliebtheit erfreuen sich auch die Musikkonzerte im Barocksaal.

seiner hübschen Dachgiebel nicht, das hohe Alter seiner wesentlich älteren Wände zu kaschieren: Zu wuchtig, zu trutzig und viel zu ernst erhebt er sich über seine schmuckvolle Umbauung. Er ist in der Tat das besterhaltene Bauteil einer älteren Burganlage, die zwischen 1538/39 und 1570 in ein eindrucksvolles Renaissance-Schloß verwandelt wurde.

Schlimme Jahre brachte der Dreißigjährige Krieg - nicht nur für die Bernburg, die in den Jahren 1636 und 1641 nicht weniger als dreimal erstürmt und beschädigt wurde. Der Dreißigjährige Krieg dauerte von 1618 bis 1648, basierte auf konfessionellen Differenzen und bestand in Wirklichkeit aus einer Serie verschiedener Kriege. Dabei hatten sich protestantische und katholische Parteien formiert und mächtige Verbündete eingebracht, so daß bald verschiedene europäische Mächte auf deutschem Boden Schlachten und Gemetzel austrugen, die letztlich durch eigene politische Interessen geprägt waren. Auf der Seite der katholischen Liga und des Kaisers kämpften die spanischen Habsburger gegen die protestantische Union, die zuerst von Dänemark, den Niederlanden und England, dann durch Schweden und schließlich auch noch durch Frankreich unterstützt wurde. Legendären Ruhm erlangten hierbei die katholischen Feldherren Tilly und Wallenstein.

Als der Krieg 1648 mit dem sog. Westfälischen Frieden endete, zählte nicht nur das Haus Habsburg zu den großen Verlierern, sondern vor allem die deutsche Volkswirtschaft: Fast die Hälfte der Bevölkerung war gefallen, das Land lag verwüstet brach, und marodierende „arbeitslose" Söldnerhaufen plünderten noch jahrelang das geschundene Land. Frankreich und Schweden aber profitierten vom Zerfall des alten deutschen Reiches in wirtschaftlicher und politischer Hinsicht.

Eine wichtige Rolle im Dreißigjährigen Krieg spielte Fürst Christian I. von Anhalt-Bernburg (1568/1603-1630), der als Statthalter der Oberpfalz die protestantische Union schuf und die erste Schlacht dieses Krieges am Weißen Berg bei Prag im Jahre 1620 schlug und verlor.

Auf der Bernburg haben sich aber auch amüsante und friedfertige Begebenheiten abgespielt. So berichtet die 22. Historie des „Till Eulenspiegel", daß sich der berühmte Schelm bei Fürst Bernhard von Anhalt einst als Turmbläser verdingte. Doch Bezahlung und Verpflegung des „niedrigen" Personals ließen mehr als zu wünschen übrig, wohingegen sich die fürstliche Eßtafel stets unter den üppigen Speisen und erlesenen Getränken zu biegen pflegte.

Als die köstlichen Küchendüfte wieder einmal den schmachtenden Eulenspiegel auf seinem Turm heimsuchten und schikanierten, griff er kurzentschlossen zum Horn und blies Alarm. Nachdem die vornehmen Herren verschreckt von der Tafel geflohen waren, labte sich Eulenspiegel in aller Ruhe genüßlich an dem opulenten Mahl und verschwand dann auf Nimmerwiedersehen. Seitdem bezeichnen die Bernburger den Bergfried als „Eulenspiegelturm".

Die ältesten Buchfassungen mit dem närrischen Anti-Helden „Till Eulenspiegel" stammen aus den Jahrzehnten um 1530, reichen aber in ihren Wurzeln bis ins 13. oder 14. Jahrhundert zurück. Die von einem unbekannten Verfasser aus dem braunschweigischen Raum niedergeschriebenen 96 Historien erfreuten sich als sozialkritische Satire auf die spätmittelalterliche Gesellschaft schon früh großer Popularität.

Der wuchtige Bergfried der Bernburg trägt im Volksmund den Spitznamen „Eulenspiegelturm", denn hier soll der berühmte Schelm unter Fürst Bernhard als Turmbläser solange gedient haben, bis er mit einem falschen Alarm die Herrschaften von ihrer üppig gedeckten Tafel weglockte, um sich mal wieder selbst richtig sattzuessen. Das abweisende graue Mauerwerk des klobigen Turms stammt aus den Jahren um 1200 und kontrastiert stark mit den Ziergiebeln der Zwerchhäuser des Renaissance-Umbaus von 1538/39-1570.

Altenburg -
Schauplatz des sächsischen Prinzenraubes

Auf über ein Jahrtausend Geschichte blickt die Altenburg in Thüringen zurück. Der steile Porphyrfelsen, auf dem sie heute hoch über der gleichnamigen Stadt thront, diente schon im Frühmittelalter den Sorben, einem slawischen Stammesverband, als Platz einer großen Wallbefestigung. Deren strategische Bedeutung erkannten die deutschen Könige bereits im 10. Jahrhundert, als sie hier einen wehrhaften Verwaltungssitz einrichteten, der im Laufe der Zeit zu einer ihrer vielen Kaiserpfalzen aufstieg. Im Jahre 1132 hielt König Lothar III. hier sogar einen Hoftag ab.

Auch unter den nachfolgenden deutschen Königen und Kaisern behielt die Altenburg eine gewichtige Position innerhalb des Reiches. Allein Kaiser Friedrich I., seines roten Bartes wegen mitunter „Barbarossa" genannt, weilte zwischen 1165 und 1188 sechsmal in ihren Mauern.

Von dieser Burg aus wurden die heidnischen Slawen teils friedlich, teils gewaltsam missioniert. Im Zuge dieser Christianisierung verbot man 1327 sogar die slawische Sprache, doch ließ sich dadurch eine Verschmelzung der grundverschiedenen Kulturen nicht verhindern.

Damals befand sich die Landgrafschaft Thüringen, und damit die Altenburg, im Besitze der wettinischen Markgrafen zu Meißen. Die Geschichte der Burg bis zum Jahre 1603, als sie Zentrum eines selbständigen Fürstentums und schließlich eines Herzogtums wurde, kennzeichneten mehrere komplizierte Land- und Erbteilungen.

Überregionale Berühmtheit erlangte die Altenburg als Schauplatz des „sächsischen Prinzenraubes" - eines spektakulären Falles von spätmittelalterlichem Kidnapping, der in über 40 Bühnenstücken nacherzählt wurde.

Als Hauptakteur agierte Kunz von Kauffungen, ein überaus streitsüchtiger, verwegener und auf seinen eigenen Vorteil bedachter Ritter. Er unterstützte 1446 den damaligen Kurfürsten von Sachsen, Friedrich den Sanftmütigen, im Kampf gegen dessen Bruder, erwartete sich hiervon freilich eine politische Karriere und persönliche Profite. Doch es sollte alles ganz anders für ihn kommen. Kunz wurde fatalerweise von der Gegenpartei gefangengenommen und mußte sich mit 4.000 Goldgulden freikaufen.

Die mächtige Altenburg besteht aus einem Konglomerat von Gebäuden aus verschiedensten Zeiten. Zum ältesten Baubestand aus dem Hochmittelalter gehört ein mächtiger Rundturm, dem der Volksmund aufgrund seiner Form den Namen „Flasche" verliehen hat. Am Südwesteck der Burg erhebt sich der im 16. und frühen 17. Jahrhundert erbaute Südfügel, an den die herrliche spätgotische Burgkirche anschließt. Sie enthält in ihrem Inneren neben einer einzigartigen Barockorgel prachtvolle Gewölbe.

Da er diesen Krieg nur für seinen Kurfürsten geführt hatte, fühlte er sich dazu berechtigt, den hohen Geldbetrag von Friedrich zurückzufordern. Der aber sah hierzu keinerlei Anlaß - hatte Kunz sich doch durch eigenes Verschulden gefangensetzen lassen - und verweigerte schlichtweg die Zahlung. Die Situation verschärfte sich weiter, als im Zuge desselben Krieges Besitzungen des Ritters schwer beschädigt und von ihm auf Schloß Stein gefangengehaltene Kaufleute befreit wurden, ohne daß er für sie noch ein Lösegeld erpressen konnte. Auch hierfür wollte Kunz den Kurfürsten regreßpflichtig machen. Der genervte Kurfürst verlor schließlich seine vielgepriesene Sanftmut und übergab die Angelegenheit einem Schiedsgericht, das die Klage des erbosten Ritters abwies.

Blick in den alten Kirchensaal bzw. Johann-Sebastian-Bach-Saal, der Anfang des 17. Jahrhunderts im Südflügel der Residenz eingerichtet wurde. Nach einem Brand im Jahre 1905 gestaltete der bekannte Baumeister den Saal neu im Stil der Neorenaissance. Hier treffen sich heute die Musikfreunde Altenburgs zu Konzerten.

Nun war für Kunz das Maß endgültig voll: Er sann auf Rache, tat sich mit zwei anderen gleichgesinnten Rittern zusammen und faßte gemeinsam mit diesen den Plan, die beiden minderjährigen Söhne des Kurfürsten aus der Altenburg zu entführen, um für sie ein hohes Lösegeld zu erpressen. Kunz hatte hierzu extra einen Küchenjungen bestochen, der ihm wichtige Nachrichten zutrug. So erfuhr er am 7. Juli 1455 dank seines Spions, daß der Kurfürst soeben nach Leipzig abgereist sei, die Wachmannschaft sich regelmäßig übermäßigen Biergenusses hingebe und daß der Torwächter zudem kränkele. Kunz und seine Mitstreiter übersandten dem Kurfürsten sofort einen Fehdebrief, um ihre Aktion zu „legalisieren" und stiegen in derselben Nacht mit ihren Leuten heimlich in das Schloß ein. Die Entführung der beiden Prinzen gelang, im Gegensatz zur nachfolgenden Flucht, problemlos und fast unbemerkt. Außerhalb des Schlosses trennten sich die Entführer in zwei Gruppen und versuchten, auf getrennten Wegen das nahe Böhmen zu erreichen. Bald darauf schlugen im ganzen Land die Glocken Alarm, schwärmten Boten und Suchtruppen aus.

Kunz ereilte sein Schicksal nahe dem Kloster Grünhain, als man ihn erkannte und festnahm. Der anderen Gruppe erging es nicht viel besser, denn sie mußte sich in einer Höhle verbergen und schließlich ergeben.

Obwohl beide Prinzen unversehrt auf Schloß Altenburg zurückkehren konnten, wurde Kunz wegen Landesfriedensbruchs zum Tode verurteilt und am 14. Juli auf dem Marktplatz von Freiburg öffentlich enthauptet. Die Anklage begründete ihr Urteil damit, daß die Fehdebriefe erst am Tag nach der Entführung beim Kurfürsten eingetroffen seien. Dadurch sei die Aktion nicht nur gesetzwidrig gewesen, sondern hätte überdies dem Kurfürsten keine Chance gelassen, sich gebührend vorzubereiten.

Der verräterische Küchenjunge aber soll lebendig auf Schloß Altenburg eingemauert worden sein. Dies ist natürlich eine Legende, die gut in unser Bild des grausamen und düsteren Mittelalters paßt.

Was man aber tatsächlich gelegentlich auf Burgen antrifft, sind vermauerte oder im Keller vergrabene Hunde. Sie wurden noch während der Erbauung als Bauopfer eingebracht und sollten das Bauwerk vor Unheil und Not schützen. Als man 1739 ein Tor des Schlosses Burgk abbrach, stieß man im Kern einer Mauer auf einen mumifizierten Hund, der offensichtlich erst während des Großausbaues der Burg im Jahre 1403 in einem kleinen Hohlraum sein schreckliches Grab fand, um fortan ewiglich über das Schicksal der Burg zu wachen. Solche Opferbräuche haben eine lange Tradition, stammen tatsächlich noch aus heidnischer Zeit.

Gleichfalls auf heidnische Ursprünge gehen die steinernen Gesichtsmasken und grotesken Köpfe zurück, die man durch alle Jahrhunderte hindurch gerne außen über Toren und Türen anbrachte, um böse Geister und schlechte Menschen fernzuhalten.

Ob auch die Mauern der Altenburg ein Bauopfer in sich bergen, wissen wir nicht. Das Glück jedenfalls blieb sowohl der Burg als auch dem Schloß mit Ausnahme einiger kleinerer Brände hold, so daß sich aus acht Jahrhunderten bedeutende Gebäude mit kostbaren Innenausstattungen erhielten. Heute beherbergen sie ein interessantes Spielkartenmuseum sowie eine Sammlung aus der alten herzöglichen Rüst- und Antiquitätenkammer. Zu Spielkarten hat die Stadt Altenburg übrigens einen besonderen Bezug: Hier erfand man nicht nur um 1810 das Skatspiel, sondern gründete auch 1832 eine später weltbekannte Spielkartenfabrik.

In der Schloßkirche finden inzwischen allsommerlich Orgelkonzerte statt, die ihre Popularität einer wundervollen Barockorgel verdanken. Kein Geringerer als Johann Sebastian Bach stellte der 1739 von Heinrich Gottfried Trost eingebauten Orgel mit ihren 2.000 klingenden Pfeifen ein vortreffliches Zeugnis aus. Sein Schüler Johann Ludwig Krebs spielte auf ihr bis zu seinem Tod im Jahre 1780 als Hoforganist. Die mittlerweile hervorragend restaurierte und wieder auf allen ihren Registern bespielbare Orgel zählt heute zu den klangschönsten Barockorgeln Deutschlands.

Dieses Gemälde zeigt eine Szene, die sich im Jahre 1180 auf der Altenburg abspielte: Kaiser Friedrich I., ob seines roten Bartes auch „Barbarossa" genannt, belehnt Otto von Wittelsbach mit dem Herzogtum Bayern. Damit legte er den Grundstein für das spätere Herzogs- und Königshaus Wittelsbach. „Barbarossa" weilte oft und gerne auf der Altenburg, von der aus er zeitweise auch die Staatsgeschäfte führte.

Schloß Charlottenburg - Sommerresidenz der Königin

Hinter dem Reiterdenkmal von Kurfürst Friedrich Wilhelm dem Großen erhebt sich der herrliche Kuppelbau des Mitteltraktes. Er wurde nach 1702 dem nur wenige Jahre älteren Schloßbau durch den Architekten Eosander von Göthe aufgesetzt und sollte den königlichen Rang des Bauherrn illustrieren. Die Kuppel wird durch eine moderne Nachbildung der Göttin Fortuna bekrönt, weil das Original 1943 zerstört wurde. Das 1697 von Andreas Schlüter modellierte und um 1700 von Johann Jakobi in einem Stück gegossene Reiterdenkmal stand ursprünglich vor dem im Jahre 1955 gesprengten Berliner Stadtschloß.

Dem heutigen Betrachter fällt es inmitten einer dichten städtischen Bebauung nicht leicht, sich vorzustellen, daß dieses Schloß früher in einer ländlichen Idylle stand und ein nahegelegenes Dörflein namens Lietzow ihm den ursprünglichen Namen Lietzenburg verlieh.

Kurfürst Friedrich III. von Brandenburg erbaute es in den Jahren 1695-99 als Sommersitz für seine zweite Gemahlin Sophie Charlotte, allerdings in stark reduzierter Größe. Damals umfaßte das Schloß nur den heutigen Mittelblock und einen kleinen Schloßgarten.

Zwei Jahre nach der Fertigstellung des Landschlößchens wurde Kurfürst Friedrich zum ersten preußischen König gekrönt. Damit änderte sich nicht nur sein gesellschaftlicher Status, sondern auch sein bauliches Ambiente, das nun königlichen Ansprüchen und Repräsentationszwecken gerecht werden mußte. Prompt erfolgte im Jahre 1702 der Ausbau der bescheidenen Lietzenburg zu einem prächtigen Königsschloß, das schnell vom gesellschaftlichen und höfischen Lebens Sophie Charlottes erfüllt wurde. Ihre großen Leidenschaften waren Musik und Philosophie, Theater und Oper sowie prachtvolle Feste. Eine enge Freundschaft verband sie mit Gottfried Wilhelm Leibniz, dem Philosophen und Gründer der Berliner Akademie der Wissenschaften, der nach ihrem frühen Tod im Jahre 1705 meinte, niemals zuvor habe man eine weisere und leutseligere Fürstin gesehen. Zur Erinnerung an seine kunst- und kulturbeflissene Ehefrau benannte König Friedrich I. die Lietzenburg in Charlottenburg um. Vier Jahre später empfing er hier die Könige Friedrich IV. von Dänemark und Friedrich August II. von Polen.

Den Ausbau der kurfürstlichen Sommerresidenz zu einem königlichen Prunkschloß führte der aus Schweden stammende, in Paris geschulte Baumeister Johann Friedrich Eosander von Göthe durch. Er erweiterte den älteren Saalbau in eine zeitgemäße Dreiflügelanlage mit einer extrem langen Gartenfassade, ganz nach dem Vorbild des berühmten Schlosses von Versailles.

Auf Eosander von Göthe geht auch der 48 m hohe zentrale Kuppelbau zurück, der die Fernwirkung der Anlage maßgeblich steigerte, zumal diese früher den Mittelpunkt eines sternförmigen Alleensystems einnahm. Hinter dem Schloß erstreckte sich ein großer Park bis über die Spree, die Wasserkünste und Kanäle speiste, hinaus.

Im Schloßinneren richtete Friedrich I. neben reich geschmückten Festsälen und Wohnräumen eine üppig ornamentierte Kapelle und ein prächtiges Porzellankabinett ein. Sammlungen dieser Art bestanden damals in fast allen Berliner Schlössern, aber nur im Charlottenburger Schloß blieb ein solches Kabinett erhalten.

Der Sohn von Friedrich und Sophie Charlotte, König Friedrich Wilhelm I., zeigte keinerlei Interesse am elterlichen Schloß und ließ es verkommen. Sein Nachfolger König Friedrich II., bekannt als Friedrich der Große, bezog dagegen schon am ersten Tag seiner Regierung, am 31. Mai 1740, das von ihm geliebte Schloß, mit der festen Absicht, es auszubauen und dort den Großteil seines Lebens zu verbringen. Unter ihm entstand der sehenswerte Neue Flügel mit seiner Goldenen Galerie und dem Weißen Saal. Doch je mehr sich der introvertierte König seiner Umwelt verschloß, desto mehr flüchtete er sich in das einsame Schlößchen Sanssouci in Potsdam, das er schließlich dauerhaft bezog. Die weitläufige Charlottenburg nutzte er nur noch für die großen offiziellen Familienfeiern.

König Friedrich Wilhelm II. entschloß sich Ende des 18. Jahrhunderts, die strenge symmetrische Gliederung der Schloßarchitektur abzuschwächen. Insbesondere der Umstand, daß man im Garten die freie Vielfalt der Natur einer starren Ordnung unterworfen hatte, widersprach seinem Wunsch nach reinem Naturerlebnis. Dies war zeittypisch. Während das 17. und 18. Jahrhundert die Mathematik, und mit ihr Geometrie und Symmetrie, zur alleinigen Grundlage allen Lebens erhoben hatten und nach den vielen Kriegen eine stabile Ordnung anstrebten, setzte ab dem späten 18. Jahrhundert eine Gegenbewegung ein, die sich bewußt abkehrte von den rationalen, planmäßigen Strukturen. In Charlottenburg sah dies so aus, daß man den Park mit sich „natürlich" schlängelnden Wegen, einem romantischen Belvedere (Aussichtsgebäude) und zwei verspielten Angelhäuschen ausstattete.

Das von Friedrich Schinkel erbaute Mausoleum enthält die Grabstätten von Königin Luise und König Friedrich Wilhelm III. sowie

Kaiser Wilhelms I. und seiner Kaiserin Augusta. Den herrlichen Sarkophag der im Jahre 1810 verstorbenen Königin Luise schuf der Bildhauer Christian Daniel Rauch.

Ein schwerer Bombenangriff am 23. November 1943 zerstörte binnen Minuten schonungslos all das, was Generationen von preußischen Königen mit großem Aufwand hatten errichten oder umgestalten lassen. Es folgten mühsame und aufwendige Rekonstruktions- und Restaurierungsarbeiten, die inzwischen weitgehend abgeschlossen sind. Doch einige Räumlichkeiten sind für immer verlorengegangen, weil keine Bildvorlagen zu ihrem ehemaligen Aussehen existieren.

Sanssouci - Schloß Sorgenfrei

Am 1. April 1745 wurde der Grundstein für das Rokoko-Lustschloß gelegt, das König Friedrich II. von Preußen als Sommersitz ab 1747 diente. Der niedrige, ebenerdige erschlossene Bau steht auf einem Weinberg.

Der Mittelbau des Schlosses enthält in seinem Inneren den großartigen, erst 1748 fertiggestellten Marmorsaal, der mit seiner Kuppel dem römischen Pantheon nachempfunden ist. An seinen Wänden stehen korinthische Doppelsäulen, der Boden ist mit farbigem Marmor ausgelegt.

Mitte des 18. Jahrhunderts, am Ausklang des Absolutismus, als Kaiser, Könige und Fürsten noch uneingeschränkt Göttern gleich die Welt regierten und ihrer Prunk-, Prahl- und Verschwendungssucht nur bescheidene Restriktionen auferlegten, begann ihr aufwendiger Lebensstil, seinen ersten Tribut zu fordern - einen seltsamen zwar, aber immerhin! Erschöpft von mannigfaltigen, sich endlos aneinanderreihenden Gesellschaftsveranstaltungen, genervt vom lauten, hektischen Hofstaat mit all seinen parasitären und umtriebigen Höflingen, angeödet durch eine strenge, ewig gleiche Etikette und schikaniert durch langweilige Amtsverpflichtungen und zähe Regierungsgeschäfte, begannen mehr und mehr Herrscher, von ihren riesigen Residenzen auf kleine, intime Landschlößchen zu flüchten.

Diese mußten gemäß ihrer Rückzugsfunktion abgelegen plaziert und individuell gestaltet sein, dienten ausschließlich der Entspannung und dem ungetrübten Genuß von Kultur, Muse und Liebe, bildeten kurzum Oasen der (Lebens)Lust. Dieser Zweckbestimmung verdanken sie auch ihren vielsagenden Namen „Lustschlößchen" bzw. französisch „Maison de Plaisance" - was gleichermaßen auch für die sog. Jagdschlößchen gilt.

König Friedrich II. von Preußen, allgemeinhin als „Friedrich der Große" oder „Alter Fritz" bekannt, hatte zwar die Charlottenburg (siehe!) als seine Hauptresidenz vorgesehen und infolgedessen auch ausbauen lassen, doch zog es ihn im Laufe der Jahre immer mehr in das beschauliche Potsdam, wo er 1744 einen Weinberg anlegte. Im darauf folgenden Jahr gab Friedrich seine Charlottenburger Pläne auf und konkretisierte stattdessen seine Wunschvorstellung, fortan in Potsdam, fernab aller Betriebsamkeit und Sorgen, ein zurückgezogenes Leben zu führen. Sein bekannter Hofbaumeister Georg Wenzeslaus von Knobelsdorff errichtete für ihn eine wundervolle Sommerresidenz, die den Namen „Sans Souci" - „ohne Sorge" - erhielt. Hier konnte Friedrich seine privaten Freuden und Vorlieben ausleben, in aller Ruhe diskutieren, philosophieren, musizieren, dichten, sinnieren und komponieren.

„Schloß Sorgenfrei" war zumindest im Sommer in der Tat hierzu ein perfektes Ambiente, ein echtes Meisterwerk des damals ob seiner Beschwingtheit und Leichtigkeit hochgeschätzten Rokokos, ein bezauberndes Juwel, eingebettet in einen herrlichen, weitläufigen Park. In den unfreundlichen kalten Wintern mußte Friedrich allerdings auf das besser beheizbare Potsdamer Stadtschloß ausweichen.

Sanssouci bestand, wie viele Lustschlösser, aus einem eingeschossigen Bau, der sich mit zahllosen Fenstertüren fast ebenerdig zum Garten öffnete. In nur drei Stufen erreichte Friedrich seine vorzüglich gepflegten Weinbergterrassen, die an einem großen Wasserbassin endeten. Den Außenanlagen kam damals mindestens diesselbe Bedeutung zu wie dem Schloß selbst. Angestrebt wurde eine höchstmögliche Harmonie zwischen Menschenwerk und Natur, wobei man davon ausging, daß auch die Natur, analog zum Universum, einer mathematischen Ordnung unterlag. Geometrie und Symmetrie bestimmten folglich nicht nur die Schloßarchitektur, sondern auch die Gartenarchitektur.

Klarheit, strenge Logik, feste Formen und transparente Strukturen, aufgelockert durch Sinnlichkeit und Üppigkeit, gepaart mit einem starken Vergänglichkeitsbewußtsein, prägten die Zeit des Barocks. Die griechische und römische Antike galten als die Epochen der höchsten Kulturblüte, als erstrebenswerte Ideale in geistiger, künstlerischer, kultureller und architektonischer Hinsicht.

Auch Friedrich der Große widmete seinen Außenanlagen besondere Aufmerksamkeit. Er ließ Park und Schloß durch eine 2,3 km lange Allee erschließen, die von mehreren Palais, Pagoden, Pavillons, Tempeln, Skulpturen und Lauben flankiert wurde. Auf der Schloßachse entstand als pittoresker Blickfang, als Point de Vue, ein künstlich gestalteter Ruinenberg mit antikisierenden Bauelementen.

Italienische Motive prägten auch die kostbare Innengestaltung des Schlosses, inbesondere im sog. Marmorsaal, wo die Kuppel und Säulen antike Einflüsse wiedergaben. Die Vorliebe des Königs für französische Kunst spiegelte sich im Ostflügel des Schlosses, der auch die berühmte „Blumenkammer" enthält - so benannt wegen seiner heiteren Dekoration aus Blumen und Vögeln, wider. Da der berühmte Schriftsteller Voltaire in ihm zwischen 1750 und 1753 wiederholt gewohnt haben soll, wird es auch als „Voltairezimmer" bezeichnet.

Neustadt-Glewe -
Burg des Landesherrn

Die trutzige Backsteinburg wird noch immer von ihrem Bergfried beherrscht. Dieser erhielt erst im 16. Jahrhundert sein Oberteil aufgesetzt.

Mecklenburg-Vorpommern gehört zu den wissenschaftlich und touristisch schlecht erschlossenen Burgenlandschaften Deutschlands. Neben zahlreichen kleinen Burgen des Niederadels haben sich zwei große Burgen in ansehnlichen Resten erhalten: Stargard und Neustadt-Glewe. Beide Burgen waren bezeichnenderweise landesherrlich. Dies bedeutet, daß sie dem Landesherrn selbst gehörten.

Eine landesherrliche Burg unterschied sich von den Burgen edelfreier oder unfreier Adelsfamilien zumeist dadurch, daß ihre Architektur aufwendiger und eindrucksvoller ausfiel. Sie mußte nach außen hin den führenden gesellschaftlichen Status des Burgherrn veranschaulichen und sich in ihren Baumassen, ihrer Fassadengestaltung und in ihrer Ausstattung gegenüber den Burgen anderer bedeutender Geschlechter optisch eindrucksvoll abheben. Da der hochgestellte Burgherr mit Familie zeitweilig

Ungewöhnlich konzipiert ist das Tor der Burg, das leicht schräg vorspringt. Es wird flankiert von dem großen Bergfried. Gerade an den Burgtoren entfaltete sich oft besondere Pracht, um den Ankömmling nachhaltig zu beeindrucken. Diese Funktion übernahmen hier Torbau und Bergfried gemeinsam.

in ihr residierte, hatte ihr Wohnkomfort gehobenen Ansprüchen zu genügen. Zusätzlich mußte sie in ihrer Funktion als Verwaltungszentrum den Burgverwalter und dessen Personal beherbergen. Hierzu waren weitere Wohnbauten sowie Verwaltungsräume, Lagerbauten und Wirtschaftsgebäude erforderlich.

Die Burg Stargard ist mit ihrer dichten Bebauung, ihren beiden Torhäusern, ihrer Burgkirche und ihrer weitläufigen Vorburg noch mehr als die Burg Neustadt ein sehr schönes Beispiel für solch eine große landesherrliche Veste.

Eine erste Wehranlage wurde in Neustadt von den Grafen von Schwerin, damals Herzöge von Mecklenburg, zwischen 1225 und 1248 neben einer wichtigen Wasserstraße errichtet. Über einem längsrechteckigen Grundriß entstand im 14./15. Jahrhundert eine trutzige Burg aus Backstein. Vor die Südseite trat, in ungewöhnlicher Art weit vorspringend, ein wuchtiger runder Bergfried, der das neben ihm liegende Burgtor sicherte. An den beiden Schmalseiten des Burghofes erhoben sich Wohn- und Wirtschaftstrakte.

Ihre jetzige Gestalt erhielt die Burg durch mehrere intensive Umbaumaßnahmen, die sie u.a. um 1500 in eine artillerietaugliche Befestigung verwandelte.

Die mittlerweile sanierte und bewirtschaftete Burg lockt heute durch ein Museum, eine Cafeteria, das jährlich am ersten Juniwochenende stattfindene historische Burgfest, Konzerte, mittelalterliche Bankette u.a..

Celle -
Schloß mit zwei Gesichtern

Das von weitem so homogen und einheitlich wirkende weißverputzte Schloß ist in Wirklichkeit das Produkt eines jahrhundertelangen, höchst komplizierten Wachstumsprozesses, der schon im Jahre 1292 einsetzte. Unter Herzog Ernst dem Bekenner verwandelte sich das Schloß 1530-58 in einen herrlichen Renaissancebau, wobei noch immer die eindrucksvolle Ostfassade verbleibt. Erst gegen 1670 erhielt das Schloß seine jetzige barocke Gestalt.

Aus der Ferne gibt sich Schloß Celle als homogener Vierflügelbau von klarer Planung. An allen Ecken erheben sich polygonale Türme, die Dachlandschaft präsentiert sich einheitlich geschlossen. Erst aus nächster Nähe offenbart sich die fast siebenhundertjährige Baugeschichte, die letztlich in einem komplizierten Wachstumsprozeß das heutige Endprodukt schuf.

Alles begann im Jahre 1292, als Herzog Otto der Strenge von Lüneburg erkannte, daß seine Burg (Alten)Celle verkehrstechnisch ungünstig lag. Denn nur wenige Kilometer den Fluß Aller abwärts kreuzten sich an einer alten Zollstelle mehrere wichtige Handelswege an einer Talsandinsel. Auf diesem strategisch hervorragend gelegenen Platz gründete Otto kurzerhand eine neue Burg - das spätere Schloß Celle. Von seinem Neubau existieren sogar noch, gut verbaut im Schloßkörper, von außen unsichtbar, u.a. die Fundamente eines mächtigen Vierecktur ms.

Nachdem die Herzöge von Lüneburg Celle ab 1388 zu ihrer Hauptresidenz erhoben hatten, erfuhr dieser frühe Kern durch die nächsten Jahrhunderte wiederholt Erweiterungen, bis ihn schließlich Herzog Friedrich der Fromme Ende des 15. Jahrhunderts zu einem imposanten Schloß ausbaute.

Blick in das barocke Schloßtheater. Es wurde 1674/75 über den Mauern des ältesten Burgturmes eingebaut. Es faßt 330 Zuschauer. Weitere 55 Plätze bietet eine Studiobühne. Die Gestaltung des Theaterinneren oblag italienischen und heimischen Künstlern. Trotz einer intensiven Restaurierung zwischen 1935 und 1938 konnte das Theater seinen Originalcharakter bewahren. Es ist das älteste noch mit einem festen Ensemble bespielte Barocktheater Deutschlands.

Zu einem echten Meisterwerk der frühen Renaisssance wurde Schloß Celle 1530-58 unter Herzog Ernst dem Bekenner, der sich und seine Residenz dem Einfluß der neuen Kunstrichtung öffnete. Er stattete die Gebäudeecken mit polygonalen Ecktürmen aus, bekrönte diese mit Zwiebelhauben, gliederte die Fassaden durch Gesimse und setzte ihnen zahlreiche winzige Ziergiebel auf. Sein Sohn Herzog Wilhelm der Jüngere ließ die spätgotische Kapelle neu ausgestalten.

Doch noch besaß Schloß Celle nicht seine heutige Gestalt. Die erhielt es erst in den Jahren um 1670 durch den kunstbeflissenen Herzog Georg Wilhelm, der eine famose Bildung an den großen Höfen Frankreichs und Italiens genossen hatte und dort zu einem prunkliebenden Barockfürsten erzogen worden war. Er holte nicht nur Künstler und Musiker, sondern auch Architekten und Handwerker aus Italien an seinen Hof. Sie überformten drei Seiten des Schlosses komplett in barockem Stil. Die der Stadt zugewandte Ostseite - tatsächlich die Schauseite des Gebäudes - blieb seltsamerweise unangetastet; sie stellt die meistbewunderte und meistfotografierte Ansicht des Schlosses.

Georg Wilhelm schätzte die schönen Künste so hoch, daß er im Schloß ein kleines Barocktheater installierte, das als das älteste seiner Art in Deutschland gilt.

Im 19. Jahrhundert ebnete man die alten Festungswälle weitgehend ein. Das Außengelände verwandelte sich nun in einen romantischen englischen Garten.

Dornröschenschloß Sababurg -
das Dornröschenschloß der Brüder Grimm

Das Dornröschenschloß Sababurg liegt idyllisch auf einer Basaltkuppe in-

mitten des Reinhardswaldes. Der mächtige Palas mit den beiden Ecktürmen und ihren „welschen" Hauben läßt heute noch die Ausmaße des ehemals größeren Jagdschlosses der Landgrafen von Hessen erahnen.

Nachdem die Brüder Grimm ihre Kinder- und Hausmärchen im frühen 19. Jahrhundert veröffentlicht hatten, erhob der Volksmund die tief im mächtigen Reinhardswald versteckte Schloßruine der Sababurg zum Dornröschenschloß.

Die Geschichte dieses Märchenschlosses reicht bis in die Jahre kurz vor 1334 zurück, als der Erzbischof von Mainz hier auf einem prominenten Basaltzapfen eine Burg erbaute, um den bedeutenden Wallfahrtsplatz Gottesbüren zu schützen. Eben dieser Basaltzapfen gab der Burg ihren ursprünglichen Namen „Zappenborgk", aus dem sich im Laufe der Jahrhunderte schließlich der heutige Name entwickelte.

Berühmt wurde das Schloß als vermeintlicher Schauplatz des Grimmschen Märchens vom Dornröschen: Durch den Fluch einer Hexe erstarrte alles Burgleben von einem

Moment zum anderen. Erst der Kuß eines Prinzen erlöste die Prinzessin, ihren Hofstaat und die Burgtiere aus ihrem 100jährigen Schlaf.

Die Zapfenburg wurde rasch zum Zankapfel territorialer Interessen. Nach einer ersten Teilung zwischen Mainz und Hessen kam die Anlage 1429 ganz in die Hände der Landgrafen von Hessen, die allerdings am Erhalt der Burg so wenig Interesse zeigten, daß diese schon kurz darauf als „wüst", d.h. ruinös, beschrieben wurde.

Bessere Tage brachen für den verwahrlosten Bau erst wieder ab 1490 an, als Landgraf Wilhelm I. von Hessen über den älteren Grundmauern einen Palas mit zwei Rundtürmen errichtete. Diesen erweiterte sein Sohn Philipp I. bis 1522 zu einem prächtigen Jagdsitz, den er auch intensiv für Festlichkeiten nutzte. Die beiden Landgrafen beschränkten sich aber nicht nur auf die Jagd in den wildreichen Forsten, sondern züchteten hier auch sehr erfolgreich Wildpferde, die „Sababurger Wilde".

Unter Landgraf Wilhelm IV. entstand 1571 der 125 ha große Tiergarten, dessen Dornenhecke 1590/92 durch eine 2,5 m hohe und 5 km lange Steinmauer ersetzt wurde.

Mit dem Dreißigjährigen Krieg begann der Niedergang des stattlichen Jagdschlosses. Mehrere Kriegsschäden, Teilabbrüche und ein Blitzschlag verwandelten es allmählich in jene verwunschene und wildromantisch verwachsene Schloßruine, in der man unweigerlich jenen Schauplatz erkannte, an dem sich die wundersame Geschichte vom „Dornröschen" zugetragen haben mußte.

Ab 1959 wurde das über 665 Jahre alte Dornröschenschloß schrittweise wieder wachgeküßt. Heute beherbergt es ein Burghotel, ein Restaurant mit Café, ein Standesamt und das SabaBurgTheater im spätmittelalterlichen Gewölbekeller. Die Außenbesichtigung mit dem rosengeschmückten Burggarten, der Turmbesteigung, dem Brüder-Grimm-Denkmal und der Ruinenromantik läßt viel von der bewegten Geschichte entdecken.

Der 1971 wiedereröffnete Tierpark hat seinen Schwerpunkt auf der Arterhaltung heute noch und ehemals heimischer Tiere und wird durch einen Kinderzoo sowie ein Forst- und Jagdmuseum ergänzt. In unmittelbarer Nähe dehnt sich zudem das Naturschutzgebiet Urwald Sababurg aus, in dem bis zu 1000jährige Eichen stehen.

Von dem vermeintlichen Dornröschenschloß existieren zahlreiche stimmungsvolle historische Ansichten. Anders als damals ist heute die Anlage verkehrsmäßig gut erschlossen, zumal sie an der „Deutschen Märchenstraße" und an der „Straße der Weserrenaissance" liegt.

Wilhelmshöhe - inszeniertes Naturspektakel

Eine über 250 m lange Kaskade steigt treppenartig vom Schloß zum Berggipfel auf, unterbrochen von Wasserbassins mit großen Fontänen. Auf dem Gipfel thront das sog. „Riesenschloß". Sein Pyramidenaufsatz verlängert die Kaskade in den Himmel hinein und mündet in einer gigantischen Herkulesstatue. All dies war Bestandteil eines grandiosen Bauprojektes, das die Gigantenschlacht der griechischen Mythologie dreidimensional inszenieren wollte, aber nur teilweise realisiert werden konnte.

Die Wilhelmshöhe nahe Kassel hat weit mehr zu bieten als nur sein weithin sichtbares, pyramidenbekröntes „Riesenschloß", das in Wirklichkeit nur die vielzitierte Spitze des Eisberges darstellt. Zwei kongeniale und sinnenfreudige Barockmenschen machten sich 1701 bis 1718 voller kreativer Phantasie und ungebremster Dynamik daran, hier ihre grandiose Vision einer dramatisch inszenierten Landschaft zu realisieren. Bauherr Landgraf Karl von Hessen-Kassel und sein italienischer Architekt Giovanni Francesco Guerniero wollten Europas Fürstenhöfe durch ein wahrhaft spektakuläres Architekturprojekt - die dreidimensionale Umsetzung der vielbewunderten Gigantenschlacht aus den Sagenzyklen der griechischen Mythologie - in Erstaunen und Ehrfurcht versetzen.

Als Schauplatz der Inszenierung wählten sie eine steile Anhöhe im Habichtswald, die den Namen Karlsberg erhielt. Ihre Planung sah eine prächtige Parkanlage auf einer weiten Terrasse vor, deren Zentrum ein pompöses villenartiges Schloß einnahm. Von hier stieg treppenartig eine gewaltige, von mehreren Wasserbecken unterbrochene Kaskade zum Berggipfel empor, den ein wuchtiger Schloßbau krönte. Noch nicht enthalten in dieser Erstplanung war die Pyramide.

Tatsächlich realisiert wurde, räumlich gesehen, die Spitze des Projektes: die atemberaubende Kaskade mit ihren großen, figurengeschmückten Bassins, Grotten und gewaltigen Fontänen sowie das sie beherrschende „Riesenschloß". Durch einen genialen Kunstgriff - das Aufsetzen einer Pyramide - gelang es, die achsiale Richtung der Kaskade bizarr und dramatisch in den Himmel hinein zu verlängern. Auf der Pyramidenspitze thronte eine über 9 m hohe Herkulesstatue aus Kupfer, lässig auf einen Riesenknüppel gelehnt, gelangweilt und abgerückt die wichtigtuerische, nichtige Welt überblickend. Natürlich gefiel es zahlreichen Fürsten, sich mit diesem Götterhelden zu identifizieren und gleichzustellen, und natürlich steht auch unser Herkules nicht ohne Grund an dieser absolut dominanten Stelle. Im Zeitalter des Absolutismus regierten die Fürsten und Könige wie allmächtige Götter und bluteten für ihre prahlerische Verschwendungssucht ihre Länder rücksichtslos aus. Allein der gigantische Herkules, dessen Knüppel acht Personen Platz bot (!), kostete Landgraf Karl ein kleines Vermögen.

Vollendet wurden die Visionen durch zwei andere Landgrafen. Friedrich II. (1760-85) ließ einen romantischen Park nach englischem Muster anlegen, während Wilhelm IX. 1790-98 am Fuß der Kaskade ein prunkvolles Schloß errichtete. Die Romantik des Schloßgartens erfuhr eine zusätzliche Steigerung durch den Bau von zwei künstlichen Ruinen: einem römischen Aquädukt mit Wasserfall und einer zerklüfteten, großflächigen, aber bewohnbaren Burgruine - der Löwenburg.

Blick in das landgräfliche Badezimmer im Schloß Wilhelmshöhe. Die Malereien auf der Holzvertäfelung zeigen antike Landschaftsmotive, wurden allerdings erst 1825 gemeinsam mit dem ägyptisch inspirierten Marmorbecken eingebaut. Das klassizistische Schloß entstand 1791-98 unter Landgraf Wilhelm IX. und beherbergt heute bedeutende Innenausstattungen und Gemälde.

Marburg -
die wiedergefundene Burg der Thüringer

Blick über die historische Altstadt auf das Schloß mit dem Wilhelmsbau (rechts) und der Kapelle (Mitte). Durch die Landgrafen von Thüringen waren Stadt und Burg eng mit der hl. Elisabeth verbunden, die hier ein Hospital einrichtete und schon 24jährig 1231 verstarb. Über ihrem Grab steht heute die frühgotische Elisabethkirche.

Auf dem Schloßberg von Marburg hatten schon vor 1138/39 die Landgrafen von Thüringen eine Burg zur Sicherung ihrer Herrschaftsansprüche errichtet. Diese wurde bereits im 13. Jahrhundert durch einen Neubau ersetzt und galt, weil sich keinerlei sichtbare Reste erhalten hatten, als komplett beseitigt. Um so größer war daher das Erstaunen, als man im August 1989 während Bauarbeiten unter dem Westflügel auf das vorzüglich erhaltene Unterteil einer überschütteten älteren Burg stieß. Dabei handelte es sich um ein Festes Haus aus der Zeit um 1000 n.Chr., das gegen Ende des 11. Jahrhunderts zu einem wuchtigen Wohnturm verkleinert worden war, und das man schließ-

Blick auf die Südseite des Schlosses mit der 1288 geweihten Katharinenkapelle. Die Fenster und Erker verweisen auf spätgotische und renaissancezeitliche Umbauten.

Gemälde im sog. Gedächtnisraum, der an das theologische Streitgespräch zwischen Luther und Zwingli erinnern soll. Dieser Disput fand hier im Jahre 1529 auf Anregung des Landgrafen Philipp statt.

lich zur statischen Stabilisierung größerer Aufbauten benutzte. Aber immerhin: Sie ist heute wieder sichtbar durch eine Aussparung im Fußboden, die wieder entdeckte „Urburg" der Thüringer, mit Mauern bis zu 6 m Höhe!

Alle nachfolgenden Jahrhunderte bauten an der Burg, die sich ab dem späten 15. Jahrhundert und im Laufe des 16. Jahrhunderts, als mehrere Landgrafen von Hessen sie zu ihrer Hauptresidenz auserkoren, allmählich in ein schmuckes Bergschloß zu verwandeln begann. Besonders im Inneren entfaltete sich schon früh gotische Pracht in aufwendig eingewölbten Sälen, allen voran der grandiose Fürstensaal, und in der herrlichen Burgkapelle, die 1288 der hl. Katharina geweiht wurde. Spätgotischen Geist atmen dagegen der Frauenbau bzw. der Westflügel und der Wilhelmsbau.

Im gleichen Maße, wie sich die Burg zum Schloß wandelte, wurde sie zugleich auch Festung: Über einen wuchtigen Batterieturm aus dem Jahre 1478 wuchs sie während der Kriegswirren des Dreißigjährigen Krieges bzw. um 1620 und dann vor allem um 1700/10 durch den Zubau von Bastionen, Kasematten, Hornwerken und Außenschanzen zu einer mächtigen Landesfestung, die auch die Stadt mit einbezog und schützte. Sie hatte allerdings nicht lange Bestand, denn schon 1807 befahl Napoleon die Zerstörung aller Festungsbauten.

Nachdem das Schloß im 19. Jahrhundert zum Gefängnis degeneriert worden war, erfuhr es 1972-81 eine behutsame Restaurierung zu einem gotischen Schmuckkästlein. Auch Teile der Festungswerke wurden mittlerweile durch die Stadt freigelegt und saniert.

Goslar -
„berühmtester Wohnsitz des Reiches"

Blick auf die Hoffront der Kaiserpfalz, die ihre heutige Baugestalt weitgehend dem Wiederaufbau von 1868-79 verdankt. Die vielen Arkadenfenster markieren den alten Kaisersaal - die aula regis - im 1. Stock, den man früher über eine Freitreppe erreichte. Dieses Aussehen scheint die Pfalz aber erst im Laufe des 12. Jahrhunderts erhalten zu haben. Sie gilt heute als wertvolles Bauzeugnis romanischer Profanarchitektur.

FRIEDRICH I.
BARBAROSSA

Blick auf das Grabmal Kaiser Heinrichs III. (gest. 1056) aus dem 13. Jahrhundert, das sich in der Ulrichskapelle befindet. Unter diesem Stifterdenkmal wird das Herz des Kaisers gemäß dessen testamentarischer Verfügung aufbewahrt. Heinrich wollte damit seine Verbundenheit mit Goslar demonstrieren. Die wohl erst im frühen 12. Jahrhundert erbaute Kapelle diente nach 1289 als Vogteigefängnis.

Die deutschen Kaiser, so sagt man, regierten ihr Land im Früh- und Hochmittelalter vom Pferd aus. Wenngleich dies etwas überspitzt ausgedrückt ist, so waren sie doch Reiseherrscher, die ihr Land von mehreren Residenzen, sog. Pfalzen, aus beherrschten und verwalteten. Sie besuchten manche dieser Pfalzen häufiger und länger, statteten sie deshalb auch aufwendiger und vornehmer aus.

Kurz vor 1017 bewogen politische Überlegungen Kaiser Heinrich II., seine Pfalz Werla zugunsten eines Neubaues in Goslar aufzugeben, das sich durch den kaiserlichen Silberbergbau zu einem florierenden Wirtschaftszentrum entwickelt hatte, jedoch von den aufrührerischen Sachsen bedroht war. Aber erst seine Nachfolger Konrad II. (1024-1038) und vor allem Heinrich III. (1038-1056) schufen jene eindrucksvolle Pfalzanlage, die wir heute bestaunen.

Insgesamt 23 glanzvolle Reichstage spielten sich in ihren Mauern ab. Kaiser Heinrich III. weilte zweiundzwanzigmal in Goslar, seiner Lieblingsresidenz, Kaiser Heinrich IV. (1056-1106) sogar dreißigmal.

Blick in den rekonstruierten Reichs- oder Kaisersaal, mit den 1879-97 durch den Maler Hermann Wislicenus angefertigten Historienbildern, die sowohl die Pracht des Heiligen Römischen Reiches als auch des neuen Deutschen Reiches wiedergeben sollten. Die Dimensionen des Raumes vermitteln einen guten Eindruck davon, wie eindrucksvoll dieser Bau schon im 11. oder 12. Jahrhundert gewesen sein muß, als hier die deutschen Könige residierten.

Trotz ihrer herausragenden Bedeutung schien die Pfalz kleine und große Katastrophen magisch anzuziehen: 1065 brannte das Kaiserhaus nieder; 1107 schlug ein Blitz ein, traf dabei ausgerechnet das Schlafgemach des Königs und beschädigte angeblich sogar dessen Schwert und Schild, die am Bett lehnten; 1132 stürzten während eines Hoftages Teile des Palatium ein und begruben mehrere Personen unter sich. Und 1289 schließlich, so berichtet eine zeitgenössische Schriftquelle, zerstörte ein Brand das Kaiserhaus bis zum „grunt", d.h. bis auf die Grundmauern. Die Stadt führte zwar schon im nächsten Jahr Wiederaufbauarbeiten durch, doch hatten mittlerweile andere Plätze Goslar längst den Rang abgelaufen.

Am Ausklang des Mittelalters stand nur noch wenig von jener großartigen Pfalzanlage, die der Chronist Lampert von Hersfeld bereits 1077/78 in seinen Annalen überschwenglich als „berühmtesten Wohnsitz des Reiches" und „heimatlichen Herd" der deutschen Könige lobte.

Als 1865 ein Teil des vernachlässigten und ruinösen Kaiserhauses einstürzte, ließ die Hannoversche Regierung die Pfalz renovieren und den Kaisersaal auf kaiserlichen Wunsch durch Hermann Wislicenus mit glorifizierenden Historienbildern der deutschen Geschichte ausmalen. In den nachfolgenden Jahren patriotischer Euphorie fand die Pfalz als neues bzw. wiederentdecktes Nationaldenkmal zu alter Bedeutung zurück; heute gilt sie als wertvolles Bauzeugnis romanischer Profanarchitektur.

Über jene frühe Pfalz, die hier um 1015 unter Kaiser Heinrich II. errichtet worden war, weiß man dagegen wenig. Sie ist wohl mit den 1886/87 östlich des Kaiserhauses freigelegten Fundamenten zu identifizieren.

Ahaus -
Reminiszenz an das Mittelalter

Blick auf die Frontseite des Wasserschlosses. Das herrliche Barockschloß wurde nach der Zerstörung im Zweiten Weltkrieg wieder sorgsam restauriert und ist heute der Sitz der Technischen Akademie Ahaus. Berühmt sind die seit 1952 hier stattfindenden Schloßkonzerte.

Westfalen besitzt noch immer eine eindrucksvolle Vielfalt an vorzüglich erhaltenen Wasserburgen. Dieser spezielle Burgentyp ist charakteristisch für wasserreiches Tiefland, findet sich daher häufig auch in den Niederlanden, in Belgien und in Teilen Skandinaviens. Ihn kennzeichnet überall seine Lage inmitten eines breiten Wassergrabens, eines Teiches oder Sees und seine zumeist unkomplizierte Architektur. Denn anders als die Burg oben auf dem Berg, die sich in ihrem Umriß und in ihren Bauformen den topographischen Gegebenheiten anpassen mußte, legte das flache Gelände weder Bauherrn noch Baumeister einer Wasserburg irgendwelche räumliche Beschränkungen auf. Planmäßige Konzeptionen ließen sich problemlos realisieren.

Im Torhaus des Schlosses ist ein kleines Museum installiert, das neben zahlreichen archäologischen Funden auch Luxusartikel des fürstbischöflichen Haushaltes sowie Arbeiten aus lokalen Werkstätten zeigt. Hierzu gehören Fabrikate der örtlichen Fayence-Manufaktur. Sehenswert sind auch die archäologisch freigelegten spätmittelalterlichen Lederschuhe, die sich aufgrund des feuchten Bodens sehr gut im Untergrund erhielten.

Dies waren natürlich ideale Grundvoraussetzungen für die Schloßbauten der Renaissance und des Barocks, die klare, geometrisch durchkonzipierte Gliederungen bevorzugten.

Ein herrliches Beispiel hierfür ist Schloß Ahaus, das 1689-95 als Residenz für den Fürstbischof des Bistums Münster, Friedrich Christian von Plettenberg, im Stile des flämischen Barocks erbaut wurde.

Die Grundgestalt dieses Dreiflügelbaues wird von einer fast zentimetergenauen Symmetrie geprägt, wobei die beiden Haupttore exakt auf der imaginären Mittelachse liegen, die der Risalitgiebel des Wohngebäudes zusätzlich betont. Die beiden Seitenflügel münden in turmartigen Pavillons, die der Frontfassade eine monumentale Wirkung verleihen.

Das Schloß steht im Zentrum einer aufgemauerten Rechteckinsel, deren vier Ecken mit kleinen Pavillons versehen sind. Zwei weitere Pavillons flankieren das mittig in der Frontseite aufragende Haupttor.

In der geschickten Plazierung ihrer Pavillons erinnert das Wasserschloß Ahaus noch entfernt an eine mittelalterliche Kastellburg. Auf solche Reminiszenzen der glorreichen Ritterzeiten griffen die neuzeitlichen Bauherren bewußt zurück, denn Bauelemente wie Türme, Schießscharten, Zugbrücken, Gräben, Zinnen und Erker illustrierten das traditionelle Privileg des adeligen Burgherrn, sich einen befestigten Sitz errichten zu dürfen. Sie wurden daher in nachmittelalterlichen Zeiten gerne als Baudekor dort verwendet, wo adelige Familien ihre große Vergangenheit hervorkehren wollten.

Im Falle von Ahaus macht das Sinn, denn an derselben Stelle stand einst eine Burg, die im Jahre 1406 in den Besitz des Bistums übergegangen und beim Neubau des Schlosses restlos beseitigt worden war. Hierfür spricht die unglaublich präzise Symmetrie von Schloßinsel und Schloßbau.

Vischering -
alte Burg auf künstlicher Insel

Der Großteil der Westfalener Wasserschlösser stammt aus der Renaissance und dem Barock. Von diesen symmetrisch konzipierten und sachlich-nüchtern wirkenden Anlagen (siehe Ahaus!) unterscheidet sich die malerische Wasserburg Vischering mit ihrer reizvollen Rundgestalt markant. Allein dies spricht schon dafür, daß es sich um eine wirklich alte Wasserburg handeln muß.

Tatsächlich wurde sie schon kurz vor 1271 durch den Bischof von Münster erbaut, der dadurch sein Territorium gegen expandierende Adelsfamilien zu sichern versuchte. Die von ihm gewählte Bauform bestand aus einer hohen Ummauerung, einer sog. Mantelmauer, die einen kleinen, leicht ovalen Burghof umschloß. In diesem standen neben mehreren Wohn- und Wirtschaftsbauten auch ein archäologisch nachgewiesener turmartiger Bau. Eine schmale Holzbrücke führte zu der großen, gleichfalls auf einer künstlichen Insel stehenden Vorburg, die ihrerseits nur über eine Zugbrücke erreicht werden konnte. Weitere Gräben und Wälle schützten einst Vorburg und Hauptburg.

Der Bau einer Wasserburg war kein einfaches Unterfangen. Zuerst trieb man unzählige Eichenpfähle tief in den sandigen Grund einer Flußniederung. Diese bildeten den Unterbau des Mauerwerks, das natürlich wasserdicht hochgezogen werden mußte. Hierzu mischten die Burgenbauer dem Mörtel gern Ziegelmehl bei. Nach Abschluß der Bauarbeiten wurde der Fluß so umgeleitet, daß sowohl Hauptburg als auch Vorburg

Die verträumte Wasserburg stammt vom Wiederaufbau nach dem Brand von 1521 und von nachfolgenden Umbauten. Ihr rundförmiger Grundriß geht jedoch noch auf die Burg des 13. Jahrhunderts zurück. Sie ist noch immer im Besitz der Familie von Droste.

Blick auf die Westseite. Deutlich erkennbar sind anhand der Backsteinausflickungen die späteren Eingriffe in das alte Bruchstein-Mauerwerk, als die Mantelmauer des späten 13. Jahrhunderts neu durchfenstert und erhöht wurde. Heute beherbergt die Burg ein Kulturzentrum und ein Museum des Kreises Coesfeld.

Inseln in einer größeren Wasserfläche bildeten. Wichtig war, daß die Fundamentpfähle naß blieben, damit sie nicht zu modern begannen und brüchig wurden. Aus diesem Grunde führen Grundwasserabsenkungen oft zu erheblichen Bauschäden an Wasserburgen oder Feuchtbodenbauten.

Dies war auch bei Vischering 1911/12 nach zwei extrem trockenen Sommern der Fall. Breite Risse in den Fassaden ließen ein Auseinanderbrechen der Mauern befürchten. Nur eine 1927-29 durchgeführte aufwendige statische Sicherung mit einem Betonkranz und einem radial ausgerichteten Stahlbeton-Ringanker, der die Mauern verklammerte, verhalf dem aus den Fugen geratenen Wasserschloß längerfristig zu neuer Stabilität. Mittelalterliche Baumeister hatten es da viel schwerer; sie mußten einsturzgefährdete Bauten ganz abtragen, die Fundamente sanieren und alles neu errichten oder wuchtige Stützkonstruktionen hochziehen.

Nach einem Brand im Jahre 1521 verwandelte man die Burg in den nächsten Jahrzehnten unter weitgehendem Beibehalt des eigenartigen Grundrisses in ein wohnlicheres Gebäude. Tatsächlich haben sich noch Teile der alten Mantelmauer erhalten. Andere Neubauprojekte, wie Ahaus, beseitigten ihre Vorgängeranlagen dagegen derart gründlich, daß keinerlei Spur mehr auf ihre ehemalige Existenz verweist.

Glücklicherweise richteten die Bomben des Zweiten Weltkrieges nur leichte Schäden an. 1971 pachtete der Kreis Coesfeld die Burg, um sie in ein Kulturzentrum zu verwandeln. Bei den Renovierungsarbeiten entdeckte man im „Rittersaal" seltene Secco-Malereien des 16. Jahrhunderts. Heute beherbergt die Burg neben dem Museum auch eine Gaststätte.

Stolzenfels -
Zollburg und Prinzenschloß

Stolzenfels war die erste Burgruine am Rhein, die das preußische Königshaus „restaurieren" ließ. Schinkel und - nach seinem Tode

1841 - sein Schüler Friedrich August Stüler schufen hier ein Meisterwerk des Historismus.

Vor allem im Schloßinneren entfalteten die reichen Bauherren großartige Pracht. Die neugotisch gestalteten Innenräume nahmen wertvolle, erlesene Sammlungen von Gemälden, Möbeln, Waffen, Statuetten und Kleinkunst auf. Einer der vielen Höhepunkte ist das Wohnzimmer des Königs, das u.a. einen prunkvollen Schreibschrank aus der Zeit um 1700 enthält.

Majestätisch überblickt das gelbe Gemäuer der Burg Stolzenfels den Rhein in Blickweite von Koblenz. Die verspielte, verschnörkelte Silhouette des Schlosses mit seinen zahllosen Türmchen, Erkern und Zinnen verrät dem fachkundigen Auge sofort, daß es sich um eine historisierende Neuschöpfung des 19. Jahrhunderts handelt. Doch Stolzenfels hat unter den vielen neugotisch umgestalteten Rheinburgen eine echte Sonderstellung, denn gemeinsam mit der nahen Burg Rheinstein leitete Stolzenfels die rheinische Burgenromantik ein.

1823 erhielt der preußische Kronprinz und spätere König Friedrich Wilhelm IV. die verwahrloste Burgruine von der Stadt Koblenz zum Geschenk. Den Deutschen galt der Rhein längst als sagenumwobener urdeutscher Kultfluß, als Hort des versenkten Nibelungenschatzes und als legendäre Burgenlandschaft. Das preußische Königshaus aber erkannte die einmalige Chance, durch den Wiederaufbau der rheinischen Burgruinen alte Macht und einstige Größe neu aufleben zu lassen, dem aufstrebenden Bürgertum zumindest optisch dessen Grenzen aufzuzeigen.

Nur zwei Jahre später, 1825, erwarb Prinz Friedrich Ludwig von Preußen, ein Vetter König Friedrich Wilhelms, die Burgruine Rheinstein, um ein Pendant zum neuen Schloß Stolzenfels zu schaffen.

Ab Mitte des 19. Jahrhunderts blieb kaum eine Rheinburg von ähnlich programmatischen Aus- und Umbauten verschont, denn reiche Bürger und Industrielle versuchten nun, dem Adel nachzueifern und ihre eigene gesellschaftliche Stellung durch den Besitz, Wiederaufbau oder Neubau von Burgen aufzuwerten. Die Burg wurde nun - anders als im Mittelalter, als ihr Besitz ein Privileg des Adels war - für alle Gesellschaftsschichten zum idealen Prestigeobjekt, weil sie den sozialen Aufstieg sichtbar machte.

Noch um 1900 hatte Kaiser Wihelm II. den Wiederaufbau von Burgen mit reichspolitischen Ideologien verbunden, indem er die im Elsaß gelegene Hohkönigsburg als westlichen Eckpfeiler des Reiches in monumentaler Manier erneuern ließ. Die Burgen fanden somit zu ihrer ursprünglichen Zweckbestimmung zurück: Sie illustrierten wieder Macht und Herrschaftsanspruch.

Um Machtmanifestation ging es auch Friedrich Wilhelm. Er beauftragte den bekannten Architekt Karl Friedrich Schinkel, die Mauerreste der um 1250 durch das Erzbistum Trier errichteten Zollburg in neuem Glanz, wie Phönix aus der Asche, erstehen zu lassen.

Cochem -
„bey hellem Sonnenschein dem vulcano geopfert"

Ihre ungemein malerische Silhouette verdankt die Burg dem romantisch verklärten Wiederaufbau von 1868 bis 1879, als man sie überhöhte und mit unzähligen Erkertürmchen versah. Ganz in mittelalterlicher Tradition dominiert noch immer der Bergfried die Burg.

Rhein und Mosel sind weltberühmt für ihre malerischen Burgen und Schlösser. Daß die meisten von ihnen erst im 19. Jahrhundert ihre heute so bewunderte Baugestalt erhielten, ist allgemein hin bekannt. Dennoch halten viele Besucher diese Schlösser für realitätsnahe Kopien mittelalterlicher Burgen, nichtsahnend, daß das 18. und 19. Jahrhundert freie Phantasieprodukte erschaffen haben. Zu ihnen gehört auch die hübsche Burg Cochem mit ihrer verschachtelten, türmchenreichen Silhouette, mittlerweile vielfotografiertes Wahrzeichen der Mosel-Weinlandschaft.

Blick in das sog. Jagdzimmer, das ein spätgotisches Interieur imitiert, jedoch auch mit Renaissance-Möbeln ausgestattet wurde. Die bemalten Fensterscheiben erhöhen die pittoreske Ausgestaltung des

Raumes. Man hatte im 19. Jahrhundert eine völlig falsche Vorstellung vom Leben auf Burgen, das man sich luxuriös, angenehm und prachtvoll ausmalte. Dies trifft auf den Großteil unserer Burgen jedoch nicht zu, wo eher ärmlich und bescheiden gehaust wurde.

Wie bei fast allen Burgneubauten des 19. Jahrhunderts steckt auch im Kern der Burg Cochem noch eine echte mittelalterliche Burganlage, die über Jahrhunderte verändert und ausgebaut wurde und schließlich in einer romantischen Kulissenburg 1874-1877 unterging.

Ursprünglich eine sehr alte Reichsburg, kam Cochem ab 1294 an das Erzbistum Trier. Daß die Kirche auch Burgen begehrte, war nicht ungewöhnlich, denn im Mittelalter galt die Kirche als wichtige Säule der weltlichen Macht. Die geistlichen Würdenträger machten Politik, bauten Burgen, installierten Territorien, sicherten sich Herrschaftsrechte, führten Kriegszüge, häuften Immobilien und Vermögen, inszenierten Intrigen, säuberten die Erde von Ketzern und legten sich selbst mit den Kaisern an.

Replik eines Harnisches des 16. Jahrhunderts. Der alte spitze Eisenhelm wurde im 12. und 13. Jahrhundert durch einen topfartigen Helm abgelöst. Aus diesem entwickelten sich im Laufe der Jahrhunderte eigenwillige Helmformen mit klappbaren Visieren. Einzelne Körperteile wurden nun durch Eisenplatten, sog. Kacheln, geschützt.

Wer erst mal im städtischen Hexenhäuslein oder Hexenturm, vor allem aber in der Folterkammer gelandet war, hatte kaum noch eine Chance, zu überleben. Leugnete man, wurde man solange gefoltert, bis man gestand. Gestand man nicht, war man sowieso vom Teufel besessen und damit schuldig! Egal, ob man nun gestand oder nicht, erwartete einen der Feuertod auf dem Scheiterhaufen. Besonders grausam und vor allem unfair war die sog. „Wasserprobe", bei der man eine ungeständige Hexe unter Wasser tauchte. Überlebte sie dies oder trieb ihr toter Leib an die Wasseroberfläche zurück, erklärte man sie für schuldig. Versank ihr Körper aber, war sie unschuldig. Bei dieser absurden Aktion ging man davon aus, daß das durch die Taufe Christi geheiligte Wasser Verbrecher abstieß.

Weit gefürchtet waren die „Hexenjäger", die ihrer Arbeit leidenschaftlich nachgingen, und zwar mitunter im wahrsten Sinne des Wortes: Sexuelle Erpressungen und Nötigungen begleiteten sie oft auf ihren grausigen Wegen.

In den Jahrzehnten um 1600 erreichte die Inquisition ihren grausamen Höhepunkt, flaute danach Gott sei Dank ab! Die letzten Hexenverbrennungen fanden Mitte des 18. Jahrhunderts statt. Schätzungsweise über 100.000 Menschen verloren europaweit dabei ihr Leben, darunter nur zehn Prozent Männer.

Replik eines Harnisches des 16. Jahrhunderts. Als Krieger mußte der Ritter besonders gut geschützt sein. Schon im 12. Jahrhundert waren alle Körperteile mit Panzern aus Eisenringen bedeckt. Doch Armbrust und schwere Lanzen erforderten eine zunehmende Panzerung des Körpers.

Zu den Bauten, mit denen Erzbischof Balduin von Trier die Burg im 14. Jahrhundert erweiterte, gehört der sog. Hexenturm, der den Zugang zur Kernburg bewachte. Solche Bezeichnungen wie „Hexenturm", „Diebsturm", „Gefängnisturm", „Folterturm" usw. erhielten vor allem städtische Türme erst in der Neuzeit, als sie während der Inquisition Kerkerzwecken zugeführt wurden, oder im Zeitalter der Romantik, als man Sagen um sie wob.

Die Inquisition setzte im späten 15. Jahrhundert ein, als die Kirche unter dem Einfluß der 1484 erlassenen Hexenbulle von Papst Innozenz VIII. und des nur drei Jahre später veröffentlichten „Hexenhammers" begann, überall verstärkt nach Hexen und Hexern zu fahnden. Der berüchtigte „Hexenhammer" beschrieb detailliert das Hexenwesen und Methoden zu dessen Bekämpfung, erlebte bis zum Jahre 1669 nicht weniger als 29 Neuauflagen und galt als „Bibel" der Hexenverfolger.

Da das Vermögen der Verurteilten von der Kirche beschlagnahmt wurde, erwies sich die Inquisition rasch als überaus einträgliches Geschäft - auch für die Richter, Geschworenen und Denunzianten, die Provisionen erhielten. Darüber hinaus entledigte sich die Kirche zudem auch noch unliebsamer Konkurrenz. Zu dieser zählten damals Kräuterweiber, Hebammen, weise Frauen, Wunderheiler und Freidenker, die als Häretiker bzw. Ketzer diffamiert wurden.

Replik der über 2,3 m großen Rüstung des Innsbrucker Hofriesen Giovanni Bona aus dem 16. Jahrhundert, aufbewahrt im Schloß Ambras bei Innsbruck. Er mußte ein ungeheueres Gewicht mit sich schleppen.

Dies änderte sich erst 1868, als der Kommerzienrat Jakob Louis Ravené die Burgruine von der Preußischen Domänenverwaltung erwarb. Fasziniert von den benachbarten Burgrestaurierungen beschloß er, die Burgtrümmer in spätgotischer Form neu entstehen zu lassen. Während man sich einerseits an den vielen historischen Ansichten des 16. und 17. Jahrhunderts orientierte, überhöhte man andererseits die Burg bewußt durch neue Aufbauten, Miniaturzinnen und schlanke Erkertürmchen, um ihr eine möglichst romantische Silhouette zu verleihen. Völlig frei geriet der Innenausbau der neu errichteten Wohn- und Wirtschaftsbauten, die in den unterschiedlichsten Kunststilen gehalten und zudem mit musealen Exponaten ausgestattet wurden.

Zu den vielen Sagen, die an mehreren Plätzen entlang Rhein und Mosel wiederkehren und die gleichfalls jeglicher historischer Wahrheit entbehren, gehört auch, daß man vom Ufer unterhalb der Burg Cochem die Mosel mit einer schweren Eisenkette sperrte, um den Zoll zu erheben. Ähnliches wird auch vom berühmten Mäuseturm erzählt, der nahe Bingen mitten im Rhein steht. Die Breite des Flusses, die starke, mitunter sogar reißende Strömung und das Gewicht der Kette hätten aber gigantische Spannvorrichtungen und Verankerungen erfordert. Diese waren weder am Rhein noch an der Mosel vorhanden.

Die im 2. Weltkrieg beschädigte Burg wurde 1978 von der Stadt Cochem erworben, die hier Burgführungen anbietet und eine Burggaststätte unterhält.

Das späte 18. und 19. Jahrhundert griffen dennoch solche Benennungen wie „Hexenturm" oder „Folterturm" begeistert auf, entsprachen sie doch ihrer phantasievollen Vorstellung eines düsteren und blutrünstigen Mittelalters. Das Hohe Mittelalter, dem die meisten unserer Burgen angehören, hatte für seine Burgtürme in Wirklichkeit weit friedlichere Funktionen vorgesehen: Sie dienten in erster Linie als Macht- und Herrschaftssymbole, hatten nur selten Verliese, waren zumeist auch nur bedingt wehrhaft. So verwundert nicht, daß auch unser Cochemer Hexenturm ursprünglich nichts mit Hexen zu tun hatte.

Hatte Cochem den Dreißigjährigen Krieg (1618-48) noch relativ unbeschadet überstanden, so brachten die nachfolgenden Jahrzehnte Burg und Stadt um so mehr Unheil. Die Franzosen griffen auf die Pfalz über und versuchten gewaltsam, die militärische Kontrolle über den Rhein zu erlangen. Die Pfalz wurde verwüstet. Schließlich gingen im Jahre 1689 fast alle Burgen an Rhein und Mosel, auf dem Hunsrück und in der Eifel in Flammen auf. Am 19. Mai schlug auch für die Burg Cochem ihre Schicksalsstunde: Sechzehn Jahre nachdem sie sich noch mit dem Beschuß der Burg begnügt hatten, steckten die Franzosen sie in Brand. Drei Tage lang wütete „Vulcano". Was das Flammeninferno überstand, wurde unterminiert und gesprengt. Der von Reichstruppen verteidigten Stadt erging es am 25./26. August nicht viel besser: Die Franzosen erstürmten ihre Mauern, metzelten brutal Soldaten und Einheimische nieder und legten anschließend Feuer - eine Katastrophe, von der sich die Stadt nur langsam erholte. Die Burg aber blieb dem Verfall überlassen.

Replik eines Harnisches des 16. Jahrhunderts. Im 15. und 16. Jahrhundert war der Ritter damit voll gepanzert. Doch Hakenbüchsen durchschlugen auch diesen Schutz, lange Stangenwaffen hoben den Ritter aus dem Sattel. Mit der Zunahme der Turniere kamen spezielle Stechrüstungen auf, die sehr prachtvoll gearbeitet und verziert sein konnten. Die Rüstung diente bald nur noch zum Repräsentieren, wie zahlreiche Prunkharnische zeigen.

Trifels -
wo König Richard Löwenherz gefangensaß

Der Trifels galt im 12. und 13. Jahrhundert als einer der festesten Plätze des Reiches. Mächtig und unbezwingbar erhob er sich 300 m über dem Tal auf einem steilen Fels inmitten von Reichsland, umgeben von anderen Reichsburgen. Aus diesem Grunde verwahrte man auf ihm nicht nur die Reichskleinodien - Reichskrone, Reichszepter, Reichsapfel, Reichsschwert und Reichskreuz -, sondern auch hochstehende Gefangene wie den englischen König Richard Löwenherz, der hier 1192/93 einsaß.

Der englische König, oft als überheblich und diktatorisch beschrieben, beleidigte während des Dritten Kreuzzuges Herzog Leopold von Österreich so schwer, daß ihm dieser Rache schwor. Als König Richard vom Heiligen Land heimreiste, zwang ihn ein Sturm, seine Reiseroute zu ändern und als Kaufmann verkleidet, Österreich zu duchqueren. Dort aber erkannte man ihn. Herzog Leopold ließ ihn kurzerhand auf der Burg Dürnstein in der Wachau einkerkern, wurde dann aber von Kaiser Heinrich VI. überredet, ihm den berühmten Gefangenen zu überlassen und den Engländern ein hohes Lösegeld abzuverlangen. Ernsthafte Versuche von König Philipp II. August von Frankreich, seinen gehaßten Erzfeind zu „ersteigern", trieben Richards Lösegeld wie in einer Art Pokerspiel immer weiter in die Höhe. Erst Anfang 1194 entschieden die Engländer die Pokerpartie für sich.

Berühmt ist die ergreifende, historisch aber unhaltbare Sage um den Sänger Blondel, der 1193 ausritt, um seinen königlichen Herrn aus Deutschland zurückzuholen. Blondel zog unverdrossen von Burg zu Burg, bis er auch auf den Trifels kam, wo er ein Minnelied anstimmte, in das unverhofft die kräftige Stimme seines Königs einfiel. Der treue und mutige Blondel kehrte daraufhin in der Nacht mit zwölf Rittern zurück und befreite Richard.

Weit weniger ritterliche Gründe bewogen Kaiser Heinrich VI. dazu, seinen königlichen Kollegen auf dem Trifels gefangenzusetzen: Der Kaiser befand sich in ernsthaften monetären Nöten, weil er einen teuren Kriegszug in das aufmüpfige Italien zu finanzieren hatte. Dank des Lösegeldes kehrte er nicht nur als großer Sieger heim, sondern auch mit dem normannischen Königsschatz, den 150 Saumtiere auf den Trifels transportierten.

Der auffällige Fels des Trifels wurde schon in den Jahrhunderten um Christi Geburt besiedelt. Eine erste Holzburg läßt sich im 10. Jahrhundert nachweisen, eine Steinburg mit gemörtelten Mauern in der 2. Hälfte des 11. Jahrhunderts, errichtet wohl von den salischen Königen. Unter den staufischen Königen, die hier um 1200 einen imposanten Neubau errichteten, erlangte der Trifels eine herausragende Rolle, die jedoch mit dem Ende des Stauferreiches (1268) kontinuierlich abnahm.

Blick in den Kleinen Saal. Im Burginneren haben sich einige Räume in ihrer staufischen Originalgestalt erhalten, darunter die großartige Burgkapelle, deren Apsis in einem Erker des Wohnturms untergebracht war. Andere Räume wurden 1938-54 frei rekonstruiert, darunter der Kaisersaal im neuen Palas. Dessen monumentale Architektur entspricht dem Bestreben des NS-Regimes, ein nationales Baudenkmal zu schaffen.

Erst die Burgenromantik des 19. Jahrhunderts entdeckte den Trifels wieder als „deutsche Gralsburg", als großartiges Monument staufischer Baukunst. Damals erfreuten sich die Sagen um den legendären König Artus und seiner Ritter der Tafelrunde größter Beliebtheit, was allein der enorme Erfolg von Richard Wagners Ritteropern „Parsifal" oder „Lohengrin" bewies. Aber schon in den Artussagen des 13. und 14. Jahrhunderts spielte jene Burg, in der man den „Heiligen Gral"- jenes Gefäß, das die Blutstropfen von Jesus nach der Kreuzigung auffing - verwahrte, eine besondere Rolle. Sie galt als göttliche Traumburg, als Idealburg schlechthin. Die Suche nach der Gralsburg, ursprünglich Lebensaufgabe der Ritter der Tafelsrunde, wurde im 19. Jahrhundert wieder voller Enthusiasmus aufgenommen.

Auch die nationalsozialistische Regierung erkannte im Trifels ein ideales Symbol für einstige deutsche Macht, Glorie und Stärke und ließ ihn 1938-42 bombastisch rekonstruieren.

Als deutsche Gralsburg bezeichnete man zur Zeit der Burgenromantik den mächtigen, imposanten und stolzen Trifels. Doch schon im Hochmittelalter galt der Trifels als bedeutende Reichsburg. Um 1200 erneuerte man eine ältere Burg. Es entstand ein großer Wohnturm mit einer integrierten Kapelle und einer schönen Halle. Angebaut war ein Palas. Über einen Arkadengang konnte der vorgelagerte Brunnenturm erreicht werden. Seine heutige monumentale Gestalt erhielt der Trifels erst 1938-42 und 1963-66.

Marksburg - rheinische Höhenburg in Japan

Stolz erhebt sich die Marksburg über das Rheintal. Nur der Zweite Weltkrieg beschädigte sie ernsthaft. Heute ist sie Sitz der Deutschen Burgenvereinigung, die sie gerade wieder verputzen läßt. Vorne links ist die Große Batterie mit dem Vogtturm, rechts daneben die Kernburg mit dem schlanken Bergfried (Mitte) und dem Kapellenturm (ganz rechts) zu erkennen.

Hoch über dem gemütlichen Städtchen Braubach überblickt eine majestätisch gelegene Burganlage das rechte Rheinufer: die Marksburg. So trutzig und mächtig, wie sie von ihrem Felsgipfel aufragt, hätte sie viel mehr als das stromabwärts sichtbare Schloß Stolzenfels dessen Namen verdient. Die Marksburg wirbt für sich mit dem Prädikat der „einzigen unzerstörten Höhenburg am Rhein", hat aber wesentlich mehr zu bieten: Seit 1900 ist sie Sitz der Deutschen Burgenvereinigung, der ältesten Bürgerinitiative für Denkmalschutz in Deutschland, Trägerin des Europäischen Burgeninstitutes. Hier lebte, wirkte und starb einer der bedeutendsten deutschen Burgenforscher: Bodo Ebhardt, Begründer der Deutschen Burgenvereinigung. Hier entstand im Laufe der Zeit eine der umfangreichsten Burgenbibliotheken der Welt. Hier schlägt noch immer, ja sogar mehr denn je, das Herz der deutschen Burgenforschung.

Die Große Batterie entstand in zwei Abschnitten: Im frühen 16. Jahrhundert als kleines Geschützhaus, das 1743-45 auf heutige Größe erweitert wurde. Mit diesem Geschützstand konnte die Flußfahrt auf dem Rhein wirkungsvoll kontrolliert werden. Zuvor bestand der militärische Wert der Burg im Schutz der Silberminen.

Die Marksburg war nicht die erste Burg an diesem Ort. Eine ältere stand nahe der Braubacher Pfarrkirche St. Martin, ist aber fast völlig verschwunden. Dennoch scheint sich die Erwähnung einer „Burg Braubach" im Jahre 1231 mit großer Sicherheit auf die Marksburg zu beziehen, die sich damals als pfalzgräfliches Lehen im Besitz der Herren von Eppstein befand, und mit der schon früh einträgliche Zollrechte verbunden waren.

Etwa fünfzig Jahre später kamen die Stadt Braubach und die Marksburg an die einflußreichen Grafen von Katzenelnbogen, die sich von König Albrecht umgehend das Recht verliehen ließen, im Umkreis einer Meile um das Schloß Braubach bis hinab an die Ufer des Rheins Bergwerke zur Silber-, Erz- und Metallgewinnung anlegen zu dürfen. Von dem Silberbergbau, der sich in der Folge als höchst einträglicher Zusatzverdienst erwies, profitierte auch die Marksburg, die zum Schutze der Bergwerke stärker befestigt wurde.

Hatte sich die Marksburg bis 1645 unter ihren neuen Burgherren, den Landgrafen von Hessen, noch zu einem zeitgemäßen Festungswerk gewandelt, so degradierte man sie im folgenden Jahrhundert zu einem Invalidenheim und Staatsgefängnis.

Als Bodo Ebhardt die Burg um 1900 für die Deutsche Burgenvereinigung von der preußischen Regierung erwarb, war in ihm schon der Plan gereift, die Marksburg nicht nur in ihrem spätmittelalterlichen Aussehen zu rekonstruieren, sondern sie innen zu einer „deutschen Idealburg" auszubauen. Ebhardt gilt aufgrund seiner Wiederherstellungen der Hohkönigsburg, der Burg Kipfenberg und der Veste Coburg als einer der größten deutschen Baumeister und Burgenforscher. Seine Burgrestaurierungen waren aber schon damals nicht unumstritten geblieben, weil sie pompös ausfielen und den Burgen ein Übermaß an Wehrelementen bescherten. Hierin spiegelte sich Ebhardts persönliche Einschätzung der Burgen, die er vorrangig als kraftvolle und kriegsorientierte Bauwerke verstand. Da Ebhardt soeben zur vollsten Zufriedenheit seines kaiserlichen Bauherrn Wilhelm II. den Wiederaufbau der Hohkönigsburg zu einem glanzvollen Eckpfeiler des Deutschen Reiches durchgeführt hatte, überstand er als Protegé seiner kaiserlichen Hoheit alle fachlichen Attacken unbeschadet. So konnte er die Marksburg mit einem eindrucksvollen „Rittersaal", einer „Kemenate", einem riesigen Weinkeller, einer „Großen Burgküche", einer Waffenkammer und der unvermeidlichen „Folterkammer" ausstatten. Die Räumlichkeiten wurden „mittelalterlich" ausgeformt, wobei die Kapelle eine Ausmalung „im Stile der ersten Hälfte des 15. Jahrhunderts" erhielt. Zum stilgerechten Empfang der Burgbesucher rekonstruierte Ebhardt am Zugang zur Burg einen trutzigen Torturm mit neuer Zugbrücke.

Das Schicksal ersparte Bodo Ebhardt 1945 viel Leid. Er verstarb nur wenige Wochen, bevor amerikanische Truppen die Burg unter Beschuß nahmen und schwer beschädigten. Die Jahre danach waren geprägt von mühseligen Instandsetzungs- und Restaurierungsarbeiten, die auch viele neue Erkenntnisse zur Baugeschichte erbrachten.

Trotzdem ist die Bauentwicklung der Marksburg noch immer nicht exakt geklärt. In der Kernburg wurden wiederholt romanische Baureste entdeckt, die auf eine Entstehung im frühen 13. Jahrhundert verweisen. Dieser Zeitstellung dürfte auch der sehr kleine, schlanke Bergfried zuzuweisen sein. Die ausgedehnten turm- und schießschartenbewehrten Zwingeranlagen kamen nach Ausweis aktueller Forschungen erst um 1440 hinzu, als ein Großausbau der Burg erfolgte. Auch im 16. Jahrhundert, als die ersten Geschützstände eingerichtet wurden, ruhten die Bautätigkeiten nicht. Noch jünger sind die wuchtigen Außenbastionen mit dem prominenten „Scharfen Eck", die erst 1643-45 aufgeführt wurden.

Der Rittersaal wurde erst nach 1900 durch den berühmten Burgenforscher Bodo Ebhardt angelegt. Er zeigt uns, wie man sich damals den Saal des Burgherrn vorstellte: geschmackvoll eingerichtet, hell, warm und gemütlich. Die Marksburg war aber im Mittelalter nie eine bedeutende Burg gewesen, so daß man auf ihr eher schlecht und ungemütlich gelebt haben dürfte. Nur wenige Räume waren überhaupt beheizbar, Fensterglas extrem teuer und rar. Während der Winter war es im Burginneren dunkel, rußig und - solange ein Feuer brannte - allenfalls lauwarm.

Heute präsentiert sich die Marksburg wieder als intakte und durchaus attraktive Burganlage, bereichert durch einen ab 1969 angelegten „mittelalterlichen" Kräutergarten. Dies erkannte auch eine clevere japanische Gemeinde, die ein exaktes Aufmaß der Marksburg in Auftrag gab und sie dann originalgetreu als japanische Wasserburg auf Okinawa Miyako Island nachbaute.

Dies Kuriosum war der touristischen Fernwirkung der Marksburg nicht abträglich, hat sie sogar im Gegenteil noch gesteigert. Da auch die Japaner nach wie vor das Original bewundern wollen, rollt die kleine Bummelbahn tagtäglich unermüdlich vom Flußanlegeplatz hinauf zur Burg, um dort Burgbesucher abzuladen und einzusammeln.

Darunter sind auch Geisterforscher, die zur Marksburg pilgern, seit im Jahre 1932 im Kapellenturm gespenstische Erscheinungen beobachtet wurden. Auf einem damals aufgenommenen, leider verdächtig unscharfen Foto des Kapellenfensters war urplötzlich der Umriß einer betenden Gestalt zu sehen. Um Tausende von Burgen ranken sich Geister- und Gespenstersagen; manche Motive, wie die Weiße Frau, das traurige Burgjungfräulein oder die von einem feurigen Hund bewachte Schatzkammer, wiederholen sich fast obligatorisch. Sehr beliebt sind auch Sagen, die sich damit befassen, warum eine Burg wo gegründet wurde (siehe Wartburg!). Meistens dreht es sich um Orte, wo Wunderrettungen oder Wunderheilungen stattfanden. In diesen Sagen steckt leider selten ein Funke Wahrheit, denn Burgen haben die menschliche Phantasie schon immer in ganz besonderem Maße beflügelt.

Das Burginnere ist nur mit geschlossenen Führungen zugänglich, lohnt aber schon allein wegen der Ebhardtschen Einbauten einen Besuch.

Eltz -
acht Wohntürme auf engstem Raum

Alljährlich lockt die weltberühmte Burg Eltz trotz ihres abgelegenen Lageplatzes unzählige Besucher aus aller Welt an, die von dem einsamen und romantischen Standort der Prachtburg ebenso fasziniert sind wie von dem malerisch verschachtelten Gemäuer, das Ritterphantasien aus der Kindheit wieder lebendig werden läßt.

Doch die Burg Eltz hat weit mehr zu bieten als nur Burgenromantik und schale Sightseeing-Attraktionen: Sie ist nicht nur eine „echte", sondern zudem eine höchst interessante und ungewöhnliche Burganlage. Natürlich polierten das 19. und 20. Jahrhundert auch hier das leicht ramponierte Äußere und Innere des Burgschlosses etwas auf, fügten das eine oder andere Detail frei hinzu, frischten auch die Ausmalungen auf, ließen glücklicherweise aber die bemerkenswerte Gesamtform einer „Mehrfamilienburg" unangetastet.

Wie fast alle unsere Burgen wuchs auch die Burg Eltz erst über viele Jahrhunderte zu ihrer komplexen und eindrucksvollen Endgestalt und begann in eher bescheidener Form als kleine Turmburg. Auf ihr hatte jener Rudolph von Eltz, der uns 1157 als kaiserlicher Dienstmann begegnet, seinen Wohnsitz. Sein Turm, „Platteltz" genannt, steckt heute im Südende der Burg, das zugehörige Wohnhaus im Untergeschoß des sog. „Kempenicher Hauses".

Im Jahre 1268 spaltete sich die Familie in drei Hauptlinien, die die Burg untereinander aufteilten. Eltz wurde zu einer Ganerbenburg - einer Mehrfamilienburg - ausgebaut, wobei sog. Burgfriedensbriefe das friedliche Zusammenleben der Wohnparteien bzw. Erbengemeinschafen regelten. Doch sollte es noch einige Jahrhunderte dauern, bevor die Burg ihre endgültige Gestalt erhielt. Erst im 15., 16. und frühen 17. Jahrhundert entstanden nacheinander die Rübenacher, Groß- und Kleinrodendorfer sowie Kempenicher Turmhäuser, die sich schließlich zu einem architektonischen Konglomerat aus acht Wohntürmen mit fast 100 Wohnräumen zusammenfügten und den kleinen Burghof komplett umschlossen.

Besonders bedeutende Mitglieder der einfluß- und besitzreichen Familie Eltz waren Jacob von Eltz (1510-81) als Kurfürst des Erzbistums Trier und vor allem Philipp Karl als Kurfürst von Mainz ab 1732.

Burg Eltz überstand dank der diplomatischen Geschicke ihrer Eigentümer alle großen Kriege unbeschadet und ist auch heute noch im Besitz des Hauses Eltz. Einzig die Jahre 1331-33 setzten der durchaus wehrhaften Burg schwer zu.

Damals versuchte Kurfürst Balduin von Trier - ein geschickter Machtpolitiker und großer Burgenbauer - sein Kurfürstentum zu befrieden. Dies führte rasch zu Konflikten mit den freien Reichsrittern, die ihr Recht auf Fehde gefährdet sahen. Die Fehde war noch immer ein überliefertes Privileg des Adels, seine internen Streitigkeiten kämpferisch mit dem Schwert zu regeln. Am 15. Juni 1331 formierten sich die freien Reichsritter innerhalb eines Bündnisses, in dem sie sich verpflichteten, sich gegenseitig mit 50 schwergewappneten Reitern im Kriegsfalle beizustehen.

Balduin empfand dies freilich als Provokation und begann umgehend mit der gewaltsamen Zerschlagung des Ritterbundes. Noch im selben Jahre zog er auch vor die Burg Eltz, die er so gut befestigt vorfand, daß er auf einem benachbarten Hügel eine kleine Belagerungsburg errichten ließ - die auch Trutzeltz genannte Burg Baldeneltz.

Wildromantisch liegt die Burg innerhalb einer Schleife des Flüßchens Eltz. Ihr pittoreskes turm- und erkerreiches Aussehen verdankt sie vor allem den Ausbauten des 15. und 16. Jahrhunderts, als sie mehreren Familien als Sitz diente. Es entstand ein dicht gedrängtes Konglomerat aus acht Wohntürmen mit über 100 Räumen. Der Blick von Norden zeigt im Vordergrund die Rodendorfer Häuser, rechts das Rübenacher Haus und rechts hinten den Turm „Platteltz", den ältesten Bau der Burg.

Diese überblickte nicht nur die Burg Eltz, sondern lag fatalerweise auch nah genug, um sie wirkungsvoll mit Wurf- und Schleudergeschützen beschießen zu können. Abgeschnitten von ihrer Außenversorgung und ständig behelligt von den schweren Steinkugeln, die auf sie herabflogen, ergab sich die Burgbesatzung schließlich demoralisiert und entnervt nach zwei qualvollen Jahren. Am 9. Januar 1336 folgte der „Friede von Eltz", durch den die freien Reichsritter von Eltz letztlich zu kurfürstlichen Gefolgsleuten wurden. Damit gehörte ihnen nun auch die 1337 als „Nuwe Eltz" beschriebene Burg Baldeneltz, an deren Erhalt sie selbstredend wenig Interesse zeigten. Kein Wunder also, daß diese schon 1453 „als bysher unbewonet und dadurch verwustet und vergenklich" bezeichnet wird.

In der 1981 fertiggestellten Schatzkammer sind mehr als fünfhundert auserlesene Kostbarkeiten aus Gold, Silber, Elfenbein und Porzellan ausgestellt, darunter dieser Ritter zu Pferd aus dem späten 16. Jahrhundert.

Die Ruine von Baldeneltz droht noch immer auf die Burg Eltz hinab und läßt damit ein aufregendes Stück mittelalterlicher Kriegsgeschichte plastisch aufleben, zumal einige der von Baldeneltz herabgeschleuderten Steinkugeln im Burghof von Eltz ausgestellt sind. In diesem Zusammenhang sei nochmals darauf hingewiesen, daß Burgbelagerungen - entgegen der landläufigen Meinung - vor dem 15. Jahrhundert eher eine seltene Ausnahme darstellten. Dies macht die wenigen rekonstruierbaren Kriegsaktionen in burgenkundlicher und militärgeschichtlicher Hinsicht natürlich um so bedeutender.

Die im Zuge der Burgenromantik zwischen 1845 und 1888 durchgeführten Restaurierungsmaßnahmen haben gemeinsam mit der modernen kulturtouristischen Erschließung die spätgotischen Ausgestaltungen der Innenräume achtbar und schonend behandelt, Mobiliar hinzugefügt und damit spätmittelalterliches Burgleben seriös inszeniert. Besonders eindrucksvoll ist das Rübenacher Schlafgemach mit seiner lebhaft-bunten floralen Bemalung, seiner schweren Holzdecke, dem schönen Haubenkamin und dem schmucken Gebetserker mit seinen herrlich dekorierten Flügeltüren.

Das farbenfroh ausgemalte Schlafgemach im Rübenacher Haus hat trotz einer Restaurierung im 19. Jahrhundert weitgehend seine Gestalt des 15. Jahrhunderts bewahrt. Spätgotisch sind der hübsche Haubenkamin, das Himmelbett und der kleine Erker, der

als Oratorium diente. Durch zwei bemalte Flügeltüren konnte er gegen den Raum verschlossen werden.

Münzenberg -
die Krone der Wetterau

Blick auf die zweitürmige Burg, die zu den großartigsten Burgbauten des deutschen Mittelalters zählt. Sie begann im letz-

ten Drittel des 12. Jahrhunderts als wesentlich bescheidenere Burg. Der westliche Turm (links), der nördliche Palas und andere Hofbauten kamen erst nach dem Aussterben der Münzenberger hinzu.

Von einem dominanten Basaltberg der Wetterau ragt weithin sichtbar eine imposante zweitürmige Burg auf, die optisch das gesamte Umland beherrscht wie kaum eine andere Burg: Münzenberg - eine der schönsten und interessantesten Burgen, die das deutsche Mittelalter überhaupt schuf.

So wie diese Burg auf ihrem langgestreckten Hügelgipfel thront, an beiden Enden von hohen Rundtürmen begrenzt, erweckt sie den Eindruck einheitlich-harmonischer Konzeption. Doch der Schein trügt.

Kuno I. von Münzenberg, Reichskämmerer unter Kaiser Friedrich Barbarossa, demonstrierte seinen Wohlstand und seine gehobene Position durch den Bau einer mächtigen Burganlage, die u.a. einen schmuckvollen Palas, einen trutzigen Bergfried und eine hohe zinnengekrönte Ringmauer umfaßte.

Im Jahre 1255, fünf Jahre nachdem ihre Burg teilweise zerstört worden war, starben die Herren von Münzenberg aus. Das Erbe teilten sich letztlich zwei Schwager. Die ihnen gemeinsame Burg erfuhr folgerichtig eine bauliche Verdoppelung durch die Zufügung eines zweiten Palas und eines zweiten Bergfriedes. Nicht militärische oder defensive Aspekte schufen also die zweitürmige Burg, sondern besitzrechtliche Gründe: Jeder der beiden Burgherren manifestierte und visualisierte mit seinem Bauensemble Palas/Bergfried seinen Machtanspruch nach innen wie auch nach außen.

Damit wird der Symbolgehalt, der in jeder mittelalterlichen Burg schlummert, hier in besonders anschaulicher Weise greifbar.

Herrliche Steinmetzarbeit zeichnet den wohl um 1170/80 erbauten Südpalas der Burg aus. Besonders eindrucksvoll sind die reich verzierten gekuppelten Fenster. Die üppige Ornamentik sollte die hohe gesellschaftliche Bedeutung der Burgherren illustrieren. Der Südpalas zählt zu den Meisterwerken romanischer Profanarchitektur in Deutschland.

Erbauer der Burg waren die Reichsministerialen von Münzenberg im letzten Drittel des 12. Jahrhunderts. Als Auftraggeber und Mitfinanzier fungierte der König, der in der Wetterau ausgedehnte Besitzungen besaß und diese durch den Bau von Burgen gegen Zugriffe anderer machthungriger Hochadeliger absicherte. Die Verwaltung der Reichsgüter wurde mehr und mehr den loyalen, unfreien Dienstmannen - den Ministerialen - übertragen. Dadurch erwuchsen die Reichsministerialen allmählich zu einem einflußreichen Adelsstand.

Mespelbrunn -
Wasserschloß im dunklen Spessart

Der energische und strenge Fürstbischof Julius Echter (1573-1617) war das berühmteste Mitglied der Echters von Mespelbrunn. Er setzte mit Hilfe der Jesuiten die Gegenreformation in Franken durch, reorganisierte die katholische Kirche und war Mitbegründer der katholischen Liga.

Weltweit bekannt wurde das wildromantisch inmitten der grünen Hügel des Spessarts gelegene Wasserschloß durch die spannenden Spielfilme über die berüchtigten Räuberbanden, die einst in den dunklen Wäldern ihr Unheil trieben. Heute ist das verträumte Wasserschloß, dessen Mauern sich malerisch im stillen Weiher spiegeln, ein heiß gehandelter Geheimtip im internationalen und nationalen Tourismus, der jedoch vergebens in der Umgebung die düsteren Wirtshäuser mit ihren knarrenden hölzernen Stiegen sucht.

Den Kunsthistorikern aber ist Mespelbrunn ein Begriff als Kleinod der Renaissance, den Historikern als Geburtsort des berühmten Würzburger Bischofs Julius Echter.

Mespelbrunn geht auf den adeligen Forstmeister Hans Echter zurück, der 1412 seinen Hohen Herrn, den Erzbischof Johann von Mainz, auf einer Hirschjagd begleitet haben soll. Nach einer wilden Hetzjagd brach der Bischof erschöpft zusammen und verlangte verzweifelt nach Wasser. Echter schleppte seinen Herrn daraufhin mit letzter Kraft zu einer weit entfernten Quelle in einem einsamen Tal und rettete ihm dadurch das Leben. Als Dank verlieh ihm der Bischof eben diesen Platz - den „Espelborn", der sich im Laufe der Zeit, samt den umliegenden Wäldern, zu „Mespelbronn" wandelte.

Hans Echter erbaute sich sieben Jahre später hier ein typisch fränkisches „Weiherhaus" - einen kleinen Wohnturm auf einer winzigen Insel. Dieser erwies sich in den folgenden Jahren jedoch nicht nur als zu eng, sondern auch als zu wenig wehrhaft. In den 1420er Jahren begannen die Hussiten - eine militante religiöse Bewegung aus Böhmen - in Franken einzufallen. Ihre berittenen Truppen stießen blitzartig tief in die fränkischen Lande vor und machten dabei reichlich Beute. Bald eilte ihnen ein so fürchterlicher Ruf voraus, daß man viele Burgen, Kirchen, Städte und Märkte stärker befestigte.

Dies tat auch Hans, gleichnamiger Sohn des Erbauers. Ab 1427 baute er das alte Weiherhaus zu einem festen Burgschloß aus, das sich im darauffolgenden Jahrhundert in ein schmuckes Renaissanceschloß verwandelte.

Nur wenige Jahre vor dieser gestaltprägenden Umgestaltung erblickte Julius Echter am 18. März 1545 hier das Licht der Welt. Er entwickelte sich rasch zu einer außergewöhnlich starken Persönlichkeit und wurde im jungen Alter von nur 28 Jahren Fürstbischof von Würzburg. Als solcher vertrat er entschlossen und erfolgreich die Belange der Gegenreformation. Er zeigte sich aber auch als großer Bauherr, der nicht nur landauf, landab Kirchen errrichtete, sondern u.a im späten 16. Jahrhundert in Würzburg das Juliusspital und die Universität gründete. Auch die Erneuerung der Feste Marienberg geht auf ihn zurück.

1665 erlosch das Geschlecht der Echter von Mespelbrunn. Das Schloß kam an die Freiherren von Ingelheim, die es romantisch restaurierten und es auch noch heute besitzen.

Das malerische Wasserschloß entstand erst 1427 bis 1434, als man ein kleines Weiherhäuschen ausbaute. Bergfried, Wohnbau und Eckturm stammen noch aus dieser Zeit. Das Schloß wurde im 19. Jahrhundert stimmungsvoll umgestaltet, als man u.a. die große Bogenöffnung ansetzte.

Heidelberg -
Renaissance in höchster Pracht

Kaum eine andere Stadt profitierte so von deutscher Romantik und Burschenherrlichkeit wie das vielbesungene Heidelberg. Nicht wenig beigetragen hat hierzu die gewaltige vielgliedrige Schloßruine, die Neckartal und Kleinstädtchen gleichsam optisch beherrscht. Sie geht zurück auf eine Burg der Pfalzgrafen und Wittelsbacher, die in den Jahrzehnten nach 1500 durch mehrere mächtige Geschütztürme mit mehreren Metern dicken Mauern in ein uneinnehmbares artillerietaugliches Bollwerk verwandelt wurde.

Hatte Kurfürst Ludwig V. von der Pfalz noch um 1530 in spätgotischen Stilformen gebaut, so änderte sich dies entscheidend unter dem humanistisch gebildeten Kurfürsten Ottheinrich, der Mitte des 16. Jahrhunderts den hochmodernen Kunststil der Renaissance erstmals in Deutschland einführte. So modern bzw. neu, wie ihre euphorische Rezeption und ihr rascher Siegeszug durch Europa vermuten lassen, zeigte sich die Renaissance allerdings keineswegs. Sie war vielmehr bereits im Italien des 15. Jahrhunderts entstanden, als es zu einer bewußten Wiederbelebung antiker Architekturelemente kam. Die wohlhabenden Landesherren und Fürsten weltlicher wie geistlicher Art und die reichen Patrizier brauchten neue spektakuläre Ausdrucksformen, um ihre hohe gesellschaftliche Stellung nach außen zu demonstrieren, und die Schönen Künste trugen sowohl die Inspiration als auch die Materialien zu. Man wich ab von der leicht chaotisch wirkenden Asymmetrie spätmittelalterlicher Fassaden und orientierte sich an der konsequenten Ordnung und Strenge klassischer Bauten. Mit dem Bemühen um klare, logische Fassadengliederungen hielten Geometrie und Symmetrie Einzug in die Architektur - ein Prozeß, der sich in Barock und Klassizismus noch extrem verstärken sollte. Um aber den nüchternen Fassaden mehr Glorie und Lebensfreude zu verleihen, überzog man sie mit Schmuckelementen und versah sie mit schwungvollen Giebeln und Prunkerkern. Verbunden mit der Rückorientierung an klassische Bauformen, mußte die extrem vertikale Ausrichtung der spätgotischen Architektur (Kölner Dom, Straßburger Münster!) einer horizontalen weichen.

Auf dem Schloß Heidelberg entfaltete sich die Renaissance zwischen 1550 und 1600 in einer selten gesehenen Pracht. Insbesondere der unter Kurfürst Ottheinrich 1556-60 erbaute Ottheinrichsbau stellte noch jahrzehntelang alle Renaissancebauten in einen tiefen Schatten. Ein unglaublicher Detailreichtum an Pilastern, Säulen, Kapitellen, Friesen, Konsolen, Giebelfeldern, Diamantquadern und Figuren empfing den Besucher, um ihn sogleich optisch zu erschlagen und kleinzustutzen. Über dem Triumphbogen mit seinem pompösen Wappenschmuck thronte als zentraler Blickfang die Büste des Bauherrn, der sich selbst damit auch noch ein figürliches Denkmal setzte.

Zusätzlich zu seinen sehenswerten Baulichkeiten wartet das Schloß mit zwei echten Attraktionen auf: dem größten erhaltenen Weinfaß und dem Deutschen Apothekenmuseum. Letzteres wurde 1937 in Berlin gegründet und zwanzig Jahre später nach Heidelberg verlagert. Heute verleiht es dem Ottheinrichsbau einen Hauch greifbarer Vergangenheit.

Dicht drängen sich die Baulichkeiten des Schlosses aneinander. Sie stammen weitgehend aus dem Spätmittelalter und der Renaissance. Wuchtige Geschütztürme wechseln mit prunkvollen Residenzbauten - allesamt steinerne Zeugen der einstigen Macht der Kurfürsten von der Pfalz, die hier seit 1329 Hof hielten. Das grandiose Schloß wurde 1689 und 1693 von französischen Truppen zerstört.

Das von Kurfürst Karl-Theodor in Auftrag gegebene und 1751 vollendete Heidelberger Weinfaß besaß ein Fassungsvermögen von 220.000 Litern, sollte die flüssigen Pflichtabgaben der Pfälzer Weinbauern aufnehmen und, so nebenbei, den kuriosen „Weinfaßstreit" der Kurfürsten um das größte Weinfaß Deutschlands für sich entscheiden. Das Königsteiner Weinfaß (siehe Königstein!) fiel allerdings noch voluminöser aus.

Hohenzollern - Ruhmesdenkmal eines Königshauses

Vieltürmig und eindrucksvoll überblickt die neugotische Schloßanlage von ihrem hohen Bergkegel aus das gesamte Umland. Sie wurde 1850-67 vom preußischen König Friedrich Wilhelm IV. als Ruhmesstätte des Hauses Zollern am Platz der alten Stammburg neu errichtet. Heute birgt sie die Schatzkammer mit der preußischen Königskrone sowie mit persönlichen Erinnerungsstücken der Könige. Im Schloß finden Konzerte, Theateraufführungen und Ausstellungen, auf dem Schloßgelände mittelalterliche Lagerfeste und Weihnachtsmärkte statt.

Zeiten ändern sich und mit ihnen die Geschmäcker. Kein Baudenkmal kann dies besser bezeugen als das Schloß Hohenzollern. Im Gegensatz zu heutigen Burgbesuchern, die begeistert das Schloß durchstreifen, stand Kaiser Wilhelm II. das blanke Entsetzen ins Gesicht geschrieben, als er im November 1893 die Schloßbauten des Hohenzollern besichtigte. Was ihm so arg auf sein Gemüt schlug, war der neugotische Wiederaufbau der zollernschen Stammburg. Überall erblickte er nur Bauformen der französischen Spätgotik in einem schier unerträglichen Übermaß! Dem Bauherren, König Friedrich Wilhelm IV. von Preußen, konnte er dies nicht vorwerfen, denn zur Zeit des Wiederaufbaues hielt man die Gotik noch für einen großartigen deutschen Baustil. Erst gegen Ende des Jahrhunderts erkannte

Die 1454 erbaute und im 19. Jahrhundert neugotisch überformte Michaelskapelle ist besonders wegen ihrer bemalten Glasfenster des 13. Jahrhunderts und drei hier aufbewahrten Reliefplatten des 11. Jahrhunderts sehenswert.

man mit Bestürzen, daß die Gotik ausgerechnet vom ungeliebten Erzfeind Frankreich einst übernommen worden war, keinen deutschen, sondern ausgerechnet einen französischen Baustil verkörperte.

Ändern konnte man freilich nichts mehr. Die Neugotik hatte schon unzählige Burgrestaurierungen und Neuschöpfungen von Schlössern maßgeblich geprägt, darunter sogar einige des preußischen Königshauses - wie Stolzenfels am Rhein (siehe Seite 48).

Dem schockierten Kaiser Wilhelm konnte man im November 1893 nur ein gequältes Kompliment zur grandiosen Aussicht abringen. Dem Wiederaufbau seiner elsäßischen Hohkönigsburg, die als westlicher Machtpfeiler des Kaiserreiches ab

1900 in neuer Pracht entstehen sollte, verordnete er aber nachdrücklich romanische Bauformen und deutsche Baugestalt.

Friedrich Wilhelm wiederum glaubte, die Stammburg seines Königshauses im wahren Stil einer bedeutenden deutschen Adelsburg rekonstruiert zu haben. Die Idee zu diesem Riesenprojekt entwickelte er schon 1819 als Kronprinz anläßlich eines Besuches des Hohenzollern, wo er betrübt durch die heruntergekommenen Säle seiner Ahnenburg wandelte. Erste Instandsetzungsarbeiten beendete ein Blitzschlag im Jahre 1844, wobei sich Friedrich Wilhelm so unzufrieden mit deren Ergebnis zeigte, daß er als neuen Baumeister August Stüler, einen Schüler des berühmten Architekten Karl Friedrich Schinkel, verpflichtete.

Dieser erbaute 1850 bis 1867 auf dem weithin sichtbaren Bergkegel ein prächtiges mehrtürmiges Schloß, das allerdings die Reste der mittelalterlichen Vorgängerburg weitgehend beseitigte. Rücksicht nahm man allein auf die 1454 errichtete Michaelskapelle. Ansonsten kam es zu einem freien Wiederaufbau, der einzig und allein den Zweck verfolgte, die einstige und jetzige Macht der Zollern möglichst eindrucksvoll zu illustrieren. Dies gelang besonders gut in der Stammbaumhalle, die das Werden und Wachsen des mächtigen Herrschaftshauses schilderte, und im prächtigen Grafensaal, der eher königlichen Glanz ausstrahlte.

Die Vollendung des Wiederaufbaues am 3. Oktober 1867 wurde als nationales Großereignis überschwenglich gefeiert. Doch schon änderte sich der Zeitgeschmack, häuften sich kritische und negative Stimmen - darunter die des Kaisers selbst -, die den neuen Hohenzollern eher als geschmacklose und total überzogene Neuschöpfung empfanden.

Aus der Distanz eines weiteren Jahrhunderts betrachtet, muß man Schloß Hohenzollern heute als herausragendes, hochbedeutendes Kulturdenkmal klassifizieren. Es bildet gemeinsam mit solch spektakulären Burgschöpfungen der Neugotik wie Neuschwanstein, Stolzenfels oder Kreuzenstein bei Wien einen großartigen Beitrag zur Rezeption des Mittelalters im 19. Jahrhundert.

Für den Burgenfreund lohnenswert ist die Begehung der sechs großen Bastionen, die Oberst von Prittwitz ab 1847 um das Schloß legte. Wem auch dies nicht Grund genug ist, den Hohenzollern zu besuchen, der sei auf Kaiser Wilhelm II. verwiesen, der zumindest den Ausblick großartig fand.

Schon im 12. Jahrhundert hatte sich das Haus Zollern in eine schwäbische und eine fränkische Linie gespalten. Die fränkische Linie war es letztlich, die den späteren Ruhm der Zollern begründete. Sie stellte zuerst die einflußreichen Burggrafen zu Nürnberg (siehe Seite 80), dann die Markgrafen von Brandenburg und später die Könige von Preußen bzw. deutschen Kaiser.

Die Zollernsche Urburg des 11. Jahrhunderts ging im Jahre 1423 in Flammen auf, nachdem der Burgherr Friedrich der Öttinger, Graf von Zollern, plündernd ins Umland eingefallen, darüber in Fehde mit den schwäbischen Reichsstädten geraten und von diesen schließlich erfolgreich bekämpft worden war. Das mit der Zerstörung verbundene Wiederaufbauverbot hob erst Kaiser Friedrich III. 1453/54 auf.

Das Schloßinnere wurde 1853-67 prachtvoll ausgestaltet und verbreitet überall königliche Pracht. Neben dem eindrucksvollen Grafensaal imponiert der Blaue Salon durch seine gediegene Einrichtung.

Hohenasperg -
oft umkämpft, oft eingenommen

Aus der Veste, die im Jahre 1519 erfolgreich vom Schwäbischen Bund beschossen worden war, wuchs im Laufe der Jahrhunderte eine mächtige Landesfestung. Die ältere Ringmauer mit ihren schlanken Flankierungstürmen (im Hintergrund sichtbar) wurde dabei ab 1534 mit Bastionen, Erdwerken und weiten Gräben verstärkt, der Bergfuß mit Außenwerken versehen. Ende des 17. Jahrhunderts galt der Hohenasperg als eine der wichtigsten Landesfestungen in Württemberg.

Geschichtsträchtig ist er, der Boden rund um die kleine Stadt Asperg. Auf einer Anhöhe südlich der Stadt entdeckte man das „Kleinaspergle", das reich ausgestattete Hügelgrab eines Keltenfürsten, und im Grafenbühl die einzige Sphinx nördlich der Alpen.

Der die Stadt überblickende Hohenasperg, angeblich der höchste Berg im Schwabenland, wurde im Frühmittelalter Sitz eines fränkischen Gaugrafen und daher schon bei Geographus Ravennae in der zweiten Hälfte des 5. Jahrhunderts als „Aszis" urkundlich erwähnt.

Während des Dreißigjährigen Krieges wurde die Veste nach der Schlacht bei Nördlingen fast ein Jahr lang, von August 1634 bis Juli 1635, belagert. Gegen Ende des 17. Jahrhunderts modernisierte man die Festungswerke und führte sie schließlich einer Neunutzung als Garnison und Staatsgefängnis zu. Zehn Jahre lang (1777-87) saß hier u.a. der Dichter Christian Daniel Schubart ein, davon 377 Tage in einem düsteren Kerker.

Heute beherbergt die Veste ein Strafvollzugskrankenhaus und ist deshalb nur bedingt zu besichtigen. Allein des herrlichen Ausblickes wegen lohnt sich aber ein Besuch.

Außentor der Veste Hohenasperg, auch „Löwentor" genannt. Es entstand im Jahre 1675 beim Ausbau der Veste nach Plänen von Matthias Weiß. Seinen Namen hat das Tor von dem über ihm angebrachten Löwenkopf.

Wohl nach 1181 errichteten hier die Pfalzgrafen von Tübingen eine erste Burg. Vier Jahre nachdem diese in Besitz der Herzöge von Württemberg gekommen war, zerstörte sie das kaiserliche Heer Heinrichs VII. im Jahre 1312 während des Reichskrieges. Im Zuge des Wiederaufbaues kam eine Ortschaft hinzu, die 1510 sogar das Stadtrecht verliehen bekam. Als der Schwäbische Bund neun Jahre später Herzog Ulrich von Württemberg aus dem „Ländle" vertrieb, ließ Georg von Frundsberg die landesherrliche Veste hart und erfolgreich beschießen - anschaulich festgehalten auf einer sehr schönen Federzeichnung Albrecht Dürers. Die schweren Bauschäden von 1519 erforderten umfassende Wiederherstellungsarbeiten, die erst um 1534 einsetzten. Dem Ausbau zur weitläufigen Festung stand allerdings das Städtchen im Weg, das man kurzerhand ins Tal hinab verlagerte.

Rothenburg -
Kleinod des Mittelalters

Die Aufnahme zeigt, daß Rothenburg trotz der schlimmen Kriegsschäden noch immer seine mittelalterliche Gestalt weitgehend bewahrt hat. Umzogen von der Stadtmauer erhebt sich im Stadtzentrum die große gotische St. Jakobskirche. Rechts daneben steht das alte Rathaus aus dem 16. Jahrhundert.

Wie ungemein populär und attraktiv das Mittelalter in touristischer Hinsicht über die letzten Jahrzehnte geworden ist, belegt kaum ein anderer Ort so eindrucksvoll wie das kleine fränkische Städtchen Rothenburg. Alljährlich durchstreifen Hunderttausende von Besuchern aus aller Welt die engen Pflastergassen, um sich zurück ins Mittelalter zu versetzen. Sie erwarten ein verträumtes pittoreskes Kleinstädtchen, um dann erstaunt festzustellen, daß es alles gibt, was der Tourismus begehrt - vom ganzjährig geöffneten Weihnachtsmarkt über ein exzellentes Kriminalmuseum bis hin zum opulenten Rittermahl.

Dennoch wird Rothenburg für jeden, der historische Plätze schätzt, zu einem echtes Erlebnis, sobald er von den überlaufenen Hauptstraßen in die schmalen Seitengassen abzweigt oder an der Stadtmauer entlangschlendert. Auch wenn nicht alles unbedingt alt, vor allem echt ist, liegt über dem Ort doch ein merkwürdiger Zauber, dem man sich kaum zu entziehen vermag. Dies ist um so bemerkenswerter, als Rothenburg kurz vor Ende des Zweiten Weltkrieges fürchterlich zerbombt wurde. Mit viel Sorgfalt, aber auch Weitsicht, hat man mühsam die alten Bauten rekonstruiert.

Rothenburgs Geschichte begann Ende des 10. Jahrhunderts mit dem Bau der „Roten Burg" über einer Schleife des Flusses Tauber. Die Farbe Rot leitet sich ab von dem rötlichen Sandstein, aus dem auch die Stadt größtenteils erbaut wurde. Sie erhielt ihr Stadtrecht schon 1172 von Kaiser Barbarossa (Friedrich I.), wurde aber erst etwa hundert Jahre später durch König Rudolf von Habsburg in den Rang einer Reichsstadt, d.h. zu einer dem König direkt unterstellten Stadt, erhoben. Wirtschaftlich und verwaltungstechnisch bedeutete dies erhebliche Vorteile, denn der Stadtherr war nicht vor Ort, ganz im Gegenteil zumeist weit weg, deshalb konnte die Stadt selbständiger und freier agieren.

Rothenburg nutzte diese Freiheiten geschickt und brachte es rasch durch kluge Handels- und Territorialpolitik zu beachtlichem Reichtum. Diesen wirtschaftlichen Aufschwung und die starke Expansion beäugten die nicht weniger erwerbsfreudigen Nachbarn - das Hochstift Eichstätt und die Burggrafen von Nürnberg - mit Neid und Unmut.

Doch die schlimmste Bedrohung kam letztlich aus unerwarteter Ecke - von Kaiser Karl IV. selbst, der wohl aus finanziellen Erwägungen heraus die Stadt 1349 ausgerechnet an deren Erzfeind, an das Hochstift Würzburg, verpfändete. Diese Verpfändungen erwiesen sich als ein adäquates Mittel, den leeren Staatssäckel aufzufüllen. Da die Reichsstädte alles unternahmen, um sich möglichst rasch aus der Abhängigkeit von neuen Stadtherren freizukaufen, konnten sie sogar wiederholt verpfändet werden. Rothenburg, nicht zuletzt dank seiner großen Judengemeinde finanziell bestens situiert, löste sich drei Jahre später aus der Pfandschaft und erlangte 1355 sogar das kaiserliche Zugeständnis, nicht mehr verpfändet zu werden. In den nächsten Jahrzehnten wuchs Rothenburgs Wohlstand unter dem agilen Bürgermeister Heinrich Toppler weiter an, doch schon zogen die ersten düsteren Wolken auf. Die Fürsten schlossen sich gegen die Reichsstädte zusammen, unterstützt von einem wankelmütigen König. Auch wenn es Rothenburg im Jahre 1408 nochmals gelang, einen vorteilhaften Frieden zu schließen, wurde die Opposition letztlich zu übermächtig. Zahllose Fehden sowie die Reformationskämpfe und der Dreißigjährige Krieg zerfraßen Bedeutung und Reichtum der erschöpften Stadt.

Lange hatte die überaus wehrhafte Stadtmauer Rothenburg schützen können, doch 1631 half nur noch der berühmte „Meistertrunk". Damals stand das katholische Heer unter Tilly vor den Stadttoren bereit, die Stadt einzunehmen und zu plündern. Altbürgermeister Nusch erbot sich, einen Riesenhumpen Wein auf einen Zug leerzutrinken, wenn die Stadt dafür verschont bliebe - was ihm Gott sei Dank auch gelang.

Auch zur Burg hin besaß die Reichsstadt ein eigenes Tor. Sein Turm ist der höchste der Stadt und stammt aus dem 14. Jahrhundert. Das gefällige Vorwerk mit seinen Rundtürmen, dem Zoll- und Wachthäuschen und seinem schönen Wappenschmuck wurde erst im 16. Jahrhundert hinzugebaut.

Schon Ende des 12. Jahrhunderts erhielt Rothenburg seine erste Stadtmauer, die man durch die nachfolgenden Jahrhunderte ausbaute und modernisierte. So entstand auch das Rödertor mit dem Markusturm. Die Stadtmauer schützte dabei nicht nur die Einwohner und deren Habe, sondern veranschaulichte zugleich den Status und Wohlstand der Stadt.

Hotel Markusturm
HOTE
RESTAURAN

Nürnberg -
Zankapfel zwischen Kaiser, Stadt und Burggrafen

Vor dem Palas und vor der berühmten Doppelkapelle steht der sog. Heidenturm, der trotz seines Namens einen stauferzeitlichen Bau darstellt. Er stellte den alten Bergfried der Kaiserburg dar. Burggrafenburg und Kaiserburg bildeten einst zwei eigenständige Burganlagen.

Die herausragende Bedeutung von Burg und Stadt Nürnberg für das deutsche Mittelalter spiegelt sich darin, daß 32 deutsche Herrscher hier wiederholt residierten, manche davon - wie Kaiser Ludwig der Bayer - sogar mehrfach im Jahr.

Schon im Jahre 1050 hielt Kaiser Heinrich III. in der von ihm gegründeten Burg einen Hoftag ab. Über dreihundert Jahre später - 1356 - verfügte Kaiser Karl IV., daß jeder neu gewählte deutsche König seinen ersten Reichstag in Nürnberg abhalten müsse.

Die eindrucksvolle Burganlage, die im Laufe der Jahrhunderte über der Stadt emporwuchs, betrachteten die Städter aber nicht nur mit Stolz, sondern auch mit zunehmender Besorgnis und mit wachsender Verärgerung. Denn auf dem östlichen Teil des Bergplateaus machten sich ab 1192 die neuen Burggrafen aus dem Hause Hohenzollern breit. Deren politische Ambitionen kennzeichnete ein bemerkenswerter Machthunger und Expansionsdrang, so daß sie schon bald in ernste Konflikte mit der wohlhabenden, gleichfalls expandierenden Reichsstadt gerieten. Dieser wiederum war es im Laufe des 14. Jahrhunderts geglückt, die Burghut, d.h. die Aufsicht über die Kaiserburg, übertragen zu bekommen und dadurch direkten Einfluß und Zugriff auf den Burgberg zu erlangen.

Während die Hohenstaufen als Markgrafen von Brandenburg und Ansbach ihre Besitzungen außerhalb Nürnbergs beständig mehrten, schwand ihr Einfluß innerhalb der Stadt und Burg spürbar dahin. Schrittweise nahte dort das Unheil. Zuerst riegelte die Stadt 1362-67 die burggräfliche Veste durch eine starke Wehrmauer ab, dann nutzte sie zehn Jahre später eine längere Abwesenheit des Burggrafen, um direkt neben dessen Burg einen hohen Turm, den Luginsland, zu errichten. Vergeblich beschwerte sich der Burggraf beim Kaiser, daß die Stadt seine Burg in einer Art und Weise verbaut habe, daß er mittlerweile nicht mehr Herr seiner selbst sei. Aber es sollte noch viel schlimmer kommen: Weitere zehn Jahre später besetzte die Stadt gewaltsam die Burggrafenburg, die im Jahre 1420 während einer Fehde mit dem Herzog von Baiern-Pfalz total niedergebrannt wurde. Entnervt und ermüdet von den pausenlosen Streitereien und Rückschlägen, verließen die Burggrafen schließlich Nürnberg, verkauften der Reichsstadt im Jahre 1427 ihre Burghälfte. Nürnberg konnte sich nun gänzlich auf den Ausbau und die Sicherung seiner Territorien und Handelsbeziehungen konzentrieren.

Burg und Stadt verschmolzen fortan zu einem imposanten Festungswerk, das vor allem 1538-45 unter dem italienischen Festungsbaumeister Antoni Fazuni Malthese mit zeitgemäßen Bastionen, Außenwerken und weiten Gräben versehen wurde.

Trotz der schlimmen Zerbombung im Zweiten Weltkrieg hat die weitgehend wiederhergestellte Burg einige sehenswerte Bauten bewahrt, darunter die berühmte romanische Doppelkapelle, die in zwei Geschosse unterteilt war.

Die langgestreckte Silhouette der Kaiserburg besteht aus dem vorgeschobenen Sinwellturm (links) und der eigentlichen Hauptburg (rechte Hälfte). An ihrem vorderen Ende erhebt sich der Heidenturm, der die Burgkapelle enthält; dahinter schließt der Palasbau an.
Die Burgkapelle war zweistöckig, wobei eine große Bodenöffnung Erdgeschoß und 1. Stock miteinander verband. Dadurch konnte der Kaiser dem Gottesdient ungestört beiwohnen und den Heiligen Segen empfangen. Burgkapelle und Palas wurden wohl noch unter Kaiser Barbarossa bzw. Friedrich I. im späten 12. Jahrhundert erbaut. Archäologen konnten unter dem Palas einige Mauerzüge der 1050 gegründeten Burganlage freilegen. Auf dem Foto würde links, etwas abgesetzt, die Burggrafenburg anschließen.

Prunn -
Hort des Nibelungenliedes

Kühn und trutzig kauert die Burg auf ihrem schmalen, senkrecht abfallenden Felssporn, zusätzlich noch bewehrt mit einem tiefen Halsgraben. An der Frontseite stellt sich der mächtige Bergfried mit seinen kraftvollen Buckelquadern schützend vor die restlichen Burggebäude. Dieser dürfte, gemeinsam mit der Ringmauer und dem Palas, zum ältesten Baubestand aus der Zeit um 1200 gehören. Der Palas erhebt sich - wie damals üblich - am sturmfreien, talseitigen Steilabfall. Das aufgemalte Wappen mit dem aufsteigenden Pferd verweist auf die Fraunberger, die 1311-1567 die Burg hielten.

Die hoch über der Altmühl von einem bizarren Jurakalkfelsen aufragende Burg hat trotz der heftigen Eingriffe durch den Rhein-Main-Donau-Kanal kaum etwas von ihrer wildromantischen Lage eingebüßt und zieht nach wie vor alljährlich Tausende von Besuchern an.

Dabei weiß man eigentlich wenig Genaues über die Burg, die schon sehr früh - 1037 - mit einem Wernherus de Prunne urkundlich indirekt auftaucht. Da sich keinerlei Baureste aus dieser Zeit erkennen lassen, ist unklar, wo sich der Sitz besagten Werners befand. Im Jahre 1288 veräußerten die Herren von Laaber die Burg an Herzog Ludwig von Bayern, der sie 1311 den Fraunbergern von Haag verlieh. Diese erwarben sie schließlich 1338 und nannten sich bis 1567 nach ihrer neuen Burg, deren talseitige Wand sie voller Stolz für jedermann sichtbar mit ihrem Wappen schmückten: einem aufsteigenden Schimmel auf rotem Hintergrund.

Die Fraunberger pflegten auf Prunn einen vornehmen höfischen Lebensstil, wie neben schönen Wandfresken nicht zuletzt eine kurz nach 1567 hier aufgefundene Handschrift beweist. Dabei handelt es sich um eine im 14. Jahrhundert angefertigte Abschrift des berühmten Nibelungenliedes - eine echte literarische Kostbarkeit.

Hans Fraunberger (gest. 1428) galt seinerzeit als ein gefeierter und vielbewunderter Turnierkämpfer. Nach dem Aussterben der Fraunberger wechselte die Burg mehrfach rasch ihre Besitzer, die auch wiederholt an ihr kleinere und größere Umbaumaßnahmen durchführten: 1604 entstanden der heutige Torbau und die Kemenate, wohingegen 1631 mehrere Reparaturmaßnahmen erfolgten. Schließlich kam das Burgschloß 1672 an das Jesuitenkolleg von Ingolstadt, das um 1700 die Burgkapelle erneuerte. Nachdem sich schon der junge König Ludwig I. höchstpersönlich im Jahre 1827 um den Erhalt der Burg gekümmert hatte, setzten ab 1946 Restaurierungsarbeiten an dem mittlerweile staatlichen Baudenkmal ein.

Mit ihrem atemberaubenden Lageplatz, ihrer geschlossenen, kompakten Baugestalt und dem wuchtigen Bergfried scheint die Burg Prunn alle „klassischen" Attribute einer mittelalterlichen Adelsburg in sich zu vereinigen: Wehrhaftigkeit, Machtdemonstration, Stolz, Unantastbarkeit und Unbeugsamkeit.

Sog. Gerichtszimmer. Wie bei den meisten eingerichteten Burgen sind auch hier weder das Mobiliar noch die Raumfunktionen original.

Im Mittelalter gab es noch keine strikten Funktionszuweisungen, die Aufenthaltsräume dienten meist zugleich mehreren Zwecken.

Landshut -
Residenz der „Reichen Herzöge"

Längst schon hatte die stolze Burg Trausnitz alle kriegerischen Attacken bravourös bestanden und sich auf einen friedlichen Lebensabend als touristische Attraktion umgestellt, da schlich sich das Unheil auf seltsam-tragische Art und Weise am 21. Oktober 1961 um 4 Uhr früh heimlich zwischen ihre Mauern. Ein Tauchsieder schaffte, was Angreifern zuvor jahrhundertelang nicht gelungen war: Er legte Teile der Burg fast komplett in Schutt und Asche.

Gierig fraß sich das Feuer von Raum zu Raum. Im Flammeninferno gingen der Fürstenbau, der Georgirittersaal über der Kapelle und das Absteigequartier König Ludwigs II. unter. Schwer beschädigt wurde zudem der sog. Italienische Anbau mit der großartigen „Narrentreppe".

Heute sind die langwierigen und kostenintensiven Wiederherstellungs- und Restaurierungsarbeiten weitgehend abgeschlossen, erhebt sich die Burg Trausnitz wieder majestätisch über die malerische Altstadt von Landshut als imposantes Zeugnis der einstigen Macht des Hauses Wittelsbach, das jahrhundertelang die bayerischen Herzöge, Kurfürsten und Könige stellte.

Blick auf die Hauptburg. Im Vordergrund der Wittelsbacher Turm, der bisher immer für den Gründungsbau aus dem Jahre 1204 gehalten wurde. Neue Untersuchungen haben jedoch ergeben, daß dieser Turm erst im späten 15. Jahrhundert erbaut wurde. In ihm steckt aber ein älteres Fragment, das durch mehrere Kragbögen (rechts unten am Turm) in den Neubau integriert wurde. Hinter dem Turm ragt der Giebel des Fürstenbaues hervor, der auf den alten Palas zurückgeht. Ihre heutige Gestalt erhielt die Burg erst unter den sog. „Reichen Herzögen" des 15. und 16. Jahrhunderts.

Eine zeitgenössische Nachricht besagt, daß Herzog Ludwig I., der Kelheimer, im Jahre 1204 mit dem Bau von Burg und Stadt begann. Diese muß schon einunddreißig Jahre später, als Kaiser Friedrich II. die Burg aufsuchte, einen ansehnlichen Bau und ein bedeutendes Zentrum der höfischen Kultur dargestellt haben, denn mehrere bekannte Minnesänger - darunter Walther von der Vogelweide, Neidhardt von Reuenthal, Thannhäuser und Reinbot von Durne - weilten wiederholt auf ihr. Allerdings läßt sich diese Burg im heutigen Bestand noch nicht konkret fassen. Der berühmte „Wittelsbacher Turm", als mächtiger stadtseitiger Wohnturm die gesamte Burganlage beherrschend, stammt allerneuesten Erkenntnissen zufolge entgegen allen bisherigen Behauptungen nicht aus der Gründungszeit, sondern aus dem späten 15. Jahrhundert. Allenfalls das eindrucksvolle doppeltürmige Burgtor, die Burgkapelle und Teile des Damenstockes könnten noch in die Jahre um 1240 zurückreichen, wohingegen die ältesten sichtbaren Mauerreste im Fürstenbau und die in der Alten Dürnitz vermauerten Burgteile erst in die Zeit um 1260 gehören.

Goldene Zeiten brachen für die Burg Landshut unter den sog. „Reichen Herzögen" Heinrich XVI. (1393-1450), Ludwig IX. (1450-79) und Georg (1479-1503) an, die sehr viel an ihr bauten. Weitere Ausbaumaßnahmen erfolgten unter Ludwig X. (1516-45), der die Veste zu seinem Regierungssitz erhob und in ein ansehnliches Renaissanceschloß verwandelte. Als solches diente es ab 1545 den bayerischen Thronfolgern als Prinzensitz. So auch dem Prinzen Wilhelm, der im Jahre 1568 nahebei, in München, mit selten gesehenem Prunk und Pomp seine Hochzeit mit Renata von Lothringen drei Wochen lang üppig feierte, anschließend mit ihr auf sein prachtvoll herausgeputztes Burgschloß zog, begleitet von einem Heer von Dienern, Hofkavalieren, Musikern, Malern, Komödianten, Bildhauern, Architekten, Goldschmieden, Edelsteinschneidern, Dekorationskünstlern, Kammerzwergen und Hofnarren.

Von allen Lustbarkeiten fand das junge Paar an der Commedia dell'arte - der italienischen Stegreifkomödie - so großen Gefallen, daß es ab 1575 das Schloß „italienisch" umgestalten ließ. Italienische Künstler schufen hochwertige Wanddekorationen, unter ihnen die phantasievollen Illusionsmalereien der berühmten „Narrentreppe". Diese erinnern mit ihren lebensgroßen amüsanten Figurendarstellungen ganz an den Esprit und Witz der Commedia dell'arte. Nicht so lustig fand der herzogliche Vater Albrecht V. dagegen die Unbedarftheit, mit der sein Sohn das familiäre Vermögen fröhlich verpraßte. Zusätzlich von einem schweren Fieber geschwächt, hinterließ die scharfe väterliche Rüge einen kleingestutzten und melancholischen Erbprinzen, der bezeichnenderweise nun den Lärm in seiner lauten Veste nicht mehr ertrug und ihr entfloh, fortan aber sparsamer zu leben versuchte.

Die frühgotische Burgkapelle enthält neben ihrer herrlichen Erstausstattung auch spätgotische Gemälde. Kunsthistorisch bedeutend ist der um 1460/70 geschaffene Kreuzigungsaltar des Altbayerischen Meisters. Auf den Flügelinnenseiten sind die beiden Johannes zu sehen.

Die innere Ausschmückung konnte nicht darüber hinweg täuschen, daß die Burg Trausnitz noch immer einen wichtigen militärischen Nutzwert hatte. Ein ungaublich präzises Holzmodell, das der Straubinger Kunstschreiner Jacob Sandtner im Jahre 1572 von Burg und Stadt anfertigte, konfrontiert uns mit einem erstaunlich wehrhaften Burgschloß, dessen ausgedehnte Vorburg aufgrund ihrer exponierten Lage besonders stark mit turmbewehrten Zwingermauern befestigt worden war. Hinter ihnen erhoben sich zahllose Wirtschaftsbauten, Werkstättenhäuser, Verwaltungsgebäude und Wohnbauten, die bezeugen, welch aufwendigen Haushalt und Hofstaat man hier damals unterhielt.

Angesichts der Wirren des Dreißigjährigen Krieges (1618-48) erfolgte nochmals ein Ausbau der Wehranlagen. Doch schon im 18. Jahrhundert erlosch das Interesse der fürstlichen Souveräne an der im Unterhalt zu kostspieligen Burg, die zuerst eine Wollzeug- und Seidenmanufaktur aufnahm, danach der Inhaftierung vornehmer Gefangener diente und schließlich in ein Kriegslazarett bzw. Cholerahospital umfunktioniert wurde. Erst König Ludwig I. und schließlich Ludwig II. geboten dem Niedergang des Burgschlosses im Jahre 1869 Einhalt, indem Ludwig II. hier ein prächtig ausgestattetes „Königliches Absteigequartier" einrichten ließ - das er allerdings nie aufsuchte. 1923 übernahm die Bayerische Schlösserverwaltung die Pflege der Burg.

Neben der Alten Dürnitz, der Narrentreppe und den museal ausgestalteten Innenräumen ist die um 1230/40 errichtete und im 15. Jahrhundert überformte Burgkapelle St. Georg wegen ihrer gut erhaltenen frühgotischen Figurenausstattung besonders sehenswert.

Einen Abstecher lohnt auch die Stadtresidenz der Wittelsbacher, die Herzog Ludwig X. ab 1536 im Zentrum der Stadt errichtete. Losgelöst von der heimischen Architektur, entstand inmitten spätgotischer Bürgerhäuser ein italienischer Stadtpalast, der zweifelsohne auf eine Reise Ludwigs nach Mantua zurückgeht, wo Ludwig auch den berühmten Palazzo del Tè besichtigte.

Die berühmte „Narrentreppe" im Italienischen Anbau geht auf die Vorliebe des frisch vermählten Kronprinzen Wilhelm und seiner Ehefrau Renata von Lothringen für die italienische Commedia dell'arte zurück. Sie ließen daher die Burg ab 1575 im italienischen Stil ausgestalten.

Burghausen -
die längste Burg Deutschlands

Der an einem sehr alten Flußübergang gelegene, von drei Seiten wasserumflossenene Bergrücken bot sich schon früh als Burgplatz an, zumal er auch den Fluß als bedeutenden Handelsweg direkt unter sich hatte. Bereits im 11. Jahrhundert stand hier eine Burg der Grafen von Burghausen, die bald darauf an das Herzogshaus Wittelsbach kam. Um 1255 begann Herzog Heinrich XIII. mit dem Bau einer neuen Burg. Aus seiner Zeit stammt die sehenswerte innere Burgkapelle St. Elisabeth. Ihre heutige Gestalt aus sechs hintereinander liegenden Burghöfen von über einem Kilometer Gesamtlänge erhielt die Burg erst unter den „Reichen Herzögen" des 15. Jahrhunderts, besonders ab 1480 unter Herzog Georg dem Reichen.

Noch immer atemberaubend ist das Bild, das sich dem Besucher vom östlichen Salzachufer aus eröffnet: Er blickt auf ein dichtes Gedränge von farbenfrohen Hauswänden, die sich in schöner Staffelung am gegenüberliegenden Salzachufer entlangziehen. Darüber thront eine schier endlose Aneinanderreihung von Burgtürmen, Burghäusern und Burgmauern. Der bekannte Schriftsteller Adalbert Stifter hat Burg und Stadt zutreffend als „aus einem altdeutschen Gemälde herausgeschnitten und hierher gestellt" beschrieben.

Superlative gäbe es reichlich, doch sie alle versagen angesichts der Kraft und Intensität, die diesem historischen Ensemble innewohnt.

Erst unter den „Reichen Herzögen" des 15. Jahrhunderts wurde Burghausen zur zweitwichtigsten Residenz nach Landshut. In militärischer Hinsicht übertraf sie sogar diese, denn hier verwahrten die „Reichen Herzöge" ihren Gold- und Silberschatz, der aus 500.000 Golddukaten, Bildwerken aus Edelmetall und Goldbarren bestand. Erst im Landshuter Erbfolgekrieg transportierte man den herzöglichen Schatz auf die noch sicherere Feste Neuburg an der Donau. Hierzu benötigte man siebzig sechsspännige Wagen.

Nicht nur ihre materiellen Schätze verwahrten die „Reichen Herzöge" auf der entlegenen Burg, sondern auch ihre Ehefrauen und Witwen. Manch vielversprechend begonnene Ehe endete hier, aus Sicht der Herzoginnen, recht kläglich und unrühmlich - wie jene von Hedwig, die Herzog Georg der Reiche 1475 mit unglaublichem Pomp in Landshut geheiratet hatte.

Ein unglaublicher Bauaufwand wurde hier u.a. in den Jahren 1486 und 1488 betrieben, als man zeitweilig über viertausend Maurer, Steinmetze, Arbeiter und Hilfskräfte aus ganz Bayern zusammenzog.

Die Verwandlung der Burg in eine moderne Riesenveste hatte freilich ihre Hintergründe: Die Türkenangst machte sich

An Burgen war oft auch die Gerichtsbarkeit gebunden, zumeist die Niedere Gerichtsbarkeit, die keine Todesstrafen verhängen durfte. Die (finanziell lukrative) Hohe Gerichtsbarkeit, d.h. das Richten über schwere Kriminalität, blieb häufig dem Landesherrn vorbehalten und somit auch dem Burgherrn von Burghausen. Der Ausbau von Gefängnissen und der Einbau von Folterkammern - wie auf Burghausen - haben auf Burgen aber oft mit der Inquisition des 16. Jahrhunderts oder der Geschichtsverklärung des 19.

Jahrhunderts zu tun. Dieser Holzschnitt aus dem Jahre 1508 zeigt verschiedene, damals übliche, Todesstrafen wie Verbrennen, Rädern, die Gedärme freilegen, Hängen und Enthaupten neben „minderen" Bestrafungen wie Blenden und Handabschlagen.

Ihrem Ehegatten hatte sie es dennoch zu verdanken, daß man es auf der Burg mittlerweile ganz gut aushalten konnte. In den 1480er Jahren steckte Herzog Georg der Reiche ein größeres Vermögen von 100.000 Gulden in den Ausbau und die Modernisierung der Burg. Während er prunk- und prachtvolle Innenausbauten durchführen und für den aufwendigen Haushalt seiner Herzogin eine umfangreiche Hofhaltung installieren ließ, rüstete er zugleich das Burgäußere auf Artillerieverteidigung um. Die sechs hintereinander geschalteten Burghöfe wurden abschnittsweise stärker befestigt, mit Gräben, trutzigen Torbauten und Geschütztürmen versehen. Die Stadt verschmolz zu einer wehrtechnischen Einheit mit der Burg und erhielt ihrerseits einen mächtigen Batterieturm.

breit. 1453 war das bis dahin für absolut uneinnehmbar gehaltene Konstantinopel unter Einsatz großer Artillerie an die Türken gefallen und in einem Blutbad untergegangen. Nun schickten sich die „Ungläubigen" an, ihren Heiligen Krieg in den Rest der Welt hinauszutragen. Vor ihrer neuen Haustür erstreckte sich - provozierend und verlockend - das christliche, aus moslemischer Sicht gleichfalls „ungläubige" Abendland. Noch waren auch die brutalen Grausamkeiten nicht vergessen, mit denen die Kreuzritter den Nahen Osten zuvor schockiert hatten.

Auf dem Landweg hatten die türkischen Truppen mittlerweile schon ein gutes Stück Weg hinter sich gebracht, als ihre riesige Flotte im Jahre 1480 vor Rhodos - der letzten christlichen Bastion - auftauchte, um den Wasserweg nach Europa freizuräumen. Danach wäre man zugleich zu Wasser und zu Land im südöstlichen Europa eingefallen, und nichts, rein gar nichts, hätte die fanatischen Heerscharen dann noch stoppen können.

Nur die glückliche Fügung eines gottgesandten Sturmes, der die Flotte zersprengte, verhinderte damals den Fall von Rhodos. Doch die Bedrohung blieb bestehen, denn jeder wußte, daß die Türken neue Kräfte für einen zweiten Ansturm sammelten. Jedes ruhige Jahr verhieß mehr Gefahr, und das Abendland war sich mal wieder uneins, sah untätig zu. Man verstärkte zwar die Befestigungen von Rhodos, organisierte sich aber nicht zu gemeinschaftlichen offensiven Kriegsaktionen. Unbehelligt vergrößerte sich das türkische Heer tagtäglich um neue Soldaten, neue Geschütze, neue Schiffe.

Zudem wirkte offenbar lähmend der schreckliche Ruf, der den Türken vorauseilte und sogar auf gedruckten Pamphleten zu lesen war: Sie seien blutrünstig und extrem grausam, äßen sogar Kinder auf. Solche Kommentare, eigentlich dazu gedacht, die Bevölkerung militärisch zu mobilisieren, bewirkten eher das Gegenteil. Alle trachteten nur noch danach, sich möglichst gut vor dem neuen Feind zu schützen.

Die Türkenangst blieb das ganze 16. Jahrhundert hindurch präsent, zumal Rhodos im Jahre 1522 schließlich doch fiel. Vier Jahre später unterlagen die Ungarn in der Schlacht von Mohács, die Türken drangen bis zur österreichischen Donau vor. Die vergebliche Belagerung von Wien im Jahre 1529 verschaffte Mitteleuropa einen kurzen Aufschub. Erst als die türkische Flotte 1565 vor Malta scheiterte und sechs Jahre später von Venezianern und Spaniern bei Lepanto entscheidend geschlagen wurde, entspannte sich die Lage.

Wären die Türken weiter donauabwärts gekommen, wäre Burghausen als östliche Grenzveste des Herzogtums gefordert gewesen - kein Wunder also, daß man im Jahre 1533 auf ihren Mauern stolze 134 Geschütze und schwere Büchsen, im Zeughaus weitere 185 Geschütze und Steinbüchsen zählte. Burghausen erlebte Gott sei Dank nie den Ernstfall, im Gegensatz zu anderen Burgen, die weiter donauabwärts lagen!

In strategischer Hinsicht blieb Burghausen ein wichtiger Platz, was sich darin äußerte, daß ihre Verteidigungsanlagen weiter modernisiert wurden.

Im vordersten der sechs Burghöfe steht das kleine Brunnenhaus, das einen tiefen Ziehbrunnen enthält. Direkt angebaut ist der Uhrenturm aus dem 16. und 17. Jahrhundert.

Eisenberg und Hohenfreyberg - zwei Burgen, ein Berg

Markanter Blickfang im Pfrontener Land sind zwei mächtige Burgruinen, die weithin sichtbar vom Doppelgipfel eines hohen Berges aufragen und eines der spektakulärsten Burgen-Ensembles Europas darstellen.

Eisenberg ist die ältere der beiden Burgen und wurde gegen 1315 von dem bedeutenden Adelsgeschlecht der Hohenegger erbaut, das in seiner Auseinandersetzung mit der Grafschaft Tirol einen neuen Territorialstützpunkt benötigte.

Zur Demonstration ihrer ungebrochenen Macht errichteten die Hohenegger eine stolze Höhenburg, die hauptsächlich aus einer extrem hohen Ringmauer - einer Mantelmauer - bestand. Diese Veste erwarben im späten 14. Jahrhundert ausgerechnet die Tiroler und verliehen sie an das Geschlecht der Freyberger.

Die Burg Eisenberg wurde erst im frühen 14. Jahrhundert erbaut. Bis zu ihrer Zerstörung im Jahre 1646 war sie zu einem mächtigen Burgschloß gewachsen.

Die Geburtsstunde der Nachbarburg Hohenfreyberg schlug gar erst im Frühjahr 1418. Damals entschied sich der älteste Sohn des Freybergers zu Eisenberg, nicht die väterliche Burg erben, sondern eine eigene Herrschaft mit einer eigenen Burg besitzen zu wollen. Er ließ sich sein Erbteil vorab auszahlen und installierte damit auf dem Nachbarhügel die winzige Herrschaft Hohenfreyberg, deren Zentrum eine neu errichtete Burg bildete. Hohenfreyberg gehört dadurch zu den allerletzten großen Burgbauten des deutschen Mittelalters.

Zur gleichen Zeit vollzog sich der politische und wirtschaftliche Niedergang des Rittertums. Vorausgegangen war dessen militärischer Abstieg, eingeleitet durch das Aufkommen der Armbrust im Hochmittelalter und besiegelt durch die Stangenwaffen und Feuerwaffen des Spätmittelalters (siehe Einleitung!).

Die Ritter, die von kleinräumigen Handelsstrukturen lebten, verarmten in der Folge, gaben ihre entlegenen Burgen auf oder verfielen aus Existenznot dem Raubrittertum. Die Zeit der Städte und Fürstenhöfe, der Zünfte, Gilden und des Fernhandels, der wendigen Söldnerheere und mächtigen Festungen begann anzubrechen.

Doch so kampflos räumte der Adel nicht das Feld: Er bäumte sich nochmals gegen sein Schicksal auf und versuchte, äußerlich nicht mehr vorhandenen Glanz und Glorie zu demonstrieren. Hierzu belebte er wieder seine traditionellen Adelsattribute: Er polierte und flickte die alten Rüstungen, um landauf, landab - wie in alten Zeiten - prunkvolle Turniere abhalten zu können.

Dies ist ein interessantes Phänomen. Seit dem 12. Jahrhundert zeigten die deutschen Ritter ihren Mut und ihre Geschicklichkeit im Umgang mit Waffen und Pferd bei öffentlichen Veranstaltungen. Hier entfaltete der Adel seine größte höfische Pracht, hier demonstrierte er eindrucksvoll seine gesellschaftliche, wirtschaftliche und militärische Vormacht. Tausende von Besuchern kamen zu den großen Turnieren, um die sich wahre Zelt- und Budenstädte bildeten. Turniere fanden deshalb fast nie auf Burgen statt, sondern auf stadtnahen Freiflächen, wo die erforderliche Infrastruktur existierte.

Hier konnte ein Ritter berühmt und reich werden, hier konnte er die Dame seines Lebens erobern, hier konnte er aber auch seine Rüstung und sogar sein Leben verlieren. Denn seit im 13. Jahrhundert die Tjost aufkam - jener Zweikampf, bei dem die Ritter mit angelegter Lanze aufeinander zugaloppierten -, passierten immer wieder tödliche Unfälle. In der Folge versuchte man die Verletzungsgefahr dadurch zu reduzieren, daß man den Lanzen stumpfe Spitzen aufsetzte, Geschicklichkeitsspiele und Kraftübungen einführte, wie Steinewerfen, Rennen, Sackhüpfen, Ringen usw. Dies führte im 17. Jahrhundert zum sog. „Karussell" - einer Art Reiterballett. Doch schon im 14. Jahrhundert wurden die enorm kostspieligen Turniere immer seltener. Dies aber änderte sich im 15. und 16. Jahrhundert mit der Wiederbelebung der Adelsprivilegien. Darüberhinaus putzte der Adel nochmals seine Burgen heraus, vereinigte sich in Ritterbünden und hoffte vergebens, dadurch seinem Schicksal entrinnen zu können!

Friedrich von Freyberg zu Hohenfreyberg ging 1418-32 sogar noch einen Schritt weiter. Er kopierte bewußt eine Gipfelburg aus der klassischen Blütezeit des Rittertums, dem 13. Jahrhundert, mit hohen Mauern und hohen Türmen, zeigte dadurch jedem, daß er seinen glorreichen Ahnherren in nichts nachstand, daß auch er noch immer Macht und Reichtum besaß. Denn der Bau einer derart hoch gelegenen, zumal großflächigen Burganlage war natürlich wesentlich teurer als der Bau einer bescheidenen Talburg.

In Wahrheit ruinierte der steinerne Anachronismus letztlich nicht nur den Burgherrn, sondern die gesamte Familie, die Hohenfreyberg bald darauf an Östereich-Tirol verkaufen mußte.

Südostansicht von Eisenberg (vorne) und Hohenfreyberg (hinten). Beide Burgen ragen von einem Berg hoch über dem Dorf Zell und dem Schloßweiher (Hintergrund) nahe Pfronten auf. Während Eisenberg schon gegen 1315 erbaut wurde, entstand Hohenfreyberg erst hundert Jahre später, zwischen 1418 und 1432. Sie war damit eine der allerletzten Burgneubauten des Mittelalters. Unter der Tiroler Landesregierung wurde sie um 1500 zu einer starken Festung ausgebaut. Seit 1995 läuft hier eine mustergültige Sanierung von europaweiter Bedeutung, deren Schirmherr Prinz Saddrudin Aga Khan ist. Die Burgruine Eisenberg wurde bereits in den 1980er Jahren mit viel Engagement vom örtlichen Burgenverein gesichert.

Neuschwanstein -
die Burg des Schwanenritters

„Wir, Ludwig II. von Gottes Gnaden König von Bayern etc., erklären hiermit, daß Wir beschlossen haben, für Uns und Unseren Hof ein neues Schloß zu bauen an der Stelle, wo einst die Schlösser Vorder- und Hinterhohenschwangau ihre Zinnen erhoben", besagt die Gründungsurkunde, die am 5. September 1869 in den Marmorgrundstein des Schlosses Neuschwanstein eingelegt wurde.

König Ludwig II. erfüllte sich damit einen lebenslangen Traum. Schon als Kind wanderte sein Blick oft vom elterlichen Schloß Schwanstein (später in Hohenschwangau umbenannt) hinauf zu jener mächtigen und altersgrauen Burgruine, die sich einst dort erhob, wo später sein Märchenschloß stehen sollte. Vor seinem inneren Auge erstand die einsame und geheimnisvolle Ruine in vermeintlich alter Form, füllten sich ihre zerklüfteten Mauern mit neuem Leben. Ludwig, sollte man hier einschieben, war sehr empfänglich für die Ritter- und Burgenromantik, vor allem, was die Legenden um den Heiligen Gral und König Artus betraf. Ludwig bewunderte Richard Wagner zutiefst wegen dessen Ritteropern „Tristan und Isolde", „Tannhäuser", „Parsifal" und „Lohengrin". Besonders angetan hatte es ihm freilich der Schwanenritter Lohengrin, dessen Wappentier sich durch eine eigenartige Schicksalsfügung auch in der Burgruine fand: Schwangau, Stammburg der Herren von Schwangau.

Am 13. Mai 1868 schrieb Ludwig, daß er diese Burgruine „im echten Style der alten deutschen Ritterburgen" neu aufbaue. Das, was man danach in den Bauakten als „Restauration der alten Burgruine" deklarierte, resultierte in Wirklichkeit in deren totaler Beseitigung. Die Ruine stand nicht nur im Wege, sondern entsprach darüber hinaus in keiner Weise König Ludwigs romantischen Visionen einer sich stolz in den Himmel türmenden Burg. Kurzum: Das Original war nicht „echt" genug, mußte durch eine „echtere" Neuschöpfung ersetzt werden.

An der Stelle einer klobigen und düsteren Burgruine errichtete Ludwig II. ab 1868 ein Traumschloß, das seinen eigenen Visionen einer mittelalterlichen Burg gerecht wurde. Als Ludwig am 13. Juni 1886 auf mysteriöse Weise im Starnberger See verstarb, war das Schloß noch immer nicht fertiggestellt. Auch heute noch sind einige Teile unvollendet.

Allein diese Tatsache veranschaulicht eindrucksvoll, wie weit sich das 19. Jahrhundert vom wahren Mittelalter entfernt hatte.

Ludwig besaß durchaus präzise Vorstellungen davon, woraus sich sein Traumschloß zusammensetzen sollte: aus dem Palas der restaurierten Wartburg, aus Teilen des rekonstruierten Schlosses Pierrefonds in Frankreich und aus byzantinischen Architekturelementen. Als Baustil schrieb Ludwig die Romanik vor - die Epoche seiner Ritteridole. Doch welcher Architekt konnte dies alles zu einem Bauwerk zusammenfügen, das die Zustimmung des Königs fand? Bezeichnenderweise war es der Maler der Bayreuther Wagner-Kulissen, Christian Jank, der schließlich die entscheidenden Entwurfszeichnungen lieferte. Dessen verschnörkelte Phantasieprodukte in eine bauliche Realität umzusetzen, war immer noch für jeden Architekten Herausforderung genug und gelang auch nur mit erheblichen Abstrichen.

Interessant war, daß der angeblich verträumte, realitätsfremde und introvertierte König gezielt auf hochmoderne Technologien zurückgriff: Teile des Schlosses ruhten auf einer Eisen-

König Ludwig II. als Zwanzigjähriger in seiner Generalsuniform. Das 1865 gemalte Bild zeigt einen verträumten, geistvollen, aber auch willensstarken jungen König.

Skelettkonstruktion, im Inneren gab es Glastüren, einen hydraulisch versenkbaren Eßtisch, mechanische Winden für die großen Lüster, fließendes Heiß- und Kaltwasser für die Küche, vollautomatisch rotierende Bratspieße und eine zentrale Rufanlage für das Personal.

Kunstvoll gearbeitetes Mobiliar, farbenfrohe Fresken und feine Mosaike zeugen von einer kostbaren und detailreichen Innenausstattung, die vor allem im sog. Sängersaal und Thronsaal höchste Pracht entfaltete.

Linderhof -
das Zwergenschloß König Ludwigs

Das kleinste aller Königsschlösser geht auf Impressionen zurück, die der bayerische König Ludwig II. im Jahre 1867 anläßlich des Besuches der Weltausstellung in Paris sammelte, wo er u.a. auch das berühmte französische Königsschloß Versailles besichtigte. Dessen Bauherr, König Ludwig XIV. (ab 1678), ließ sich als „Sonnenkönig" feiern und schrieb mit seinem vielsagenden Ausspruch „l'Etat c'est moi" - „der Staat bin ich" - Geschichte. Er war einer der mächtigsten und größten Herrscher des Absolutismus und unterhielt einen riesigen Hofstaat. Je mehr seine Prunk- und Verschwendungssucht unfaßbare Ausmaße erreichten, desto mehr hungerte und litt das Volk. Die Bürgerrevolution, die 1789 schließlich den Adel entmachten sollte, klopfte schon vehement an die Tore des Königsschlosses.

Es liegt auf der Hand, daß Ludwig II. seinen Namensvetter nicht nur beneidete, sondern über alle Maßen bewunderte und nachzuahmen versuchte - war er selbst doch nur ein kleiner Monarch innerhalb Europas, zumal politisch durch das preußische Königshaus völlig entmachtet. Ludwig II. war in der Tat ein unglücklicher, unausgelasteter König, der sich zunehmend in eine eigene Traumwelt flüchtete. Eine Reiterstatuette seines großen Idols König Ludwig XIV. im Vestibül des neuen Schlosses Linderhof belegt sein Faible für den Sonnenkönig.

Ein Motiv aus der Tannhäusersage veranlaßte Ludwig zum Bau der künstlichen Venusgrotte, die in Wahrheit ein hypermodernes Bauwerk darstellte. Kaschiert von unechten Felswänden, Stalaktiten und Stalagmiten, schufen eine Eisen-Skelettkonstruktion, Unterwasser-Wellenmaschine, Warmwasserheizung sowie elektrodynamische Lichtmotoren und ein Regenbogen-Projektor die romantische Tropfsteinhöhle.

Das gefällige Miniaturschloß wurde 1870-76 erbaut und war das einzige Schloß, das König Ludwig II. länger bewohnte. Bei der Planung und Ausführung kümmerte sich Ludwig selbst um Details und reklamierte zum Leidwesen des Architekten, Bauleiters und der Handwerker fortwährend Kleinigkeiten. So mußte z.B. die im Rundtempel stehende Venusstatue mit einer neuen Frisur ausgestattet werden, weil Ludwig ihre zurückgebundenen Haare zu „köchinnenhaft" fand. Im Schloßinneren entfaltete sich die Pracht des Rokokos vor allem im Spiegelsaal, Audienzzimmer und Schlafzimmer.

Sein eigenes „Versailles" errichtete König Ludwig II. später auf Herrenchiemsee. Das ländliche Rokoko-Schlößchen Linderhof griff dagegen nur auserwählte Elemente des französischen Vorbildes auf und war in erster Linie dazu gedacht, dem stadtscheuen König als gemütlicher Zufluchtsort zu dienen.

Im Jahre 1870 beauftragte Ludwig einen Architekten, den Linderhof an einem seiner Lieblingsplätze aus Kindheit und Jugend zu planen. Dort, im abgeschiedenen Graswangtal und in nächster Nähe zum Kloster Ettal, hatte sein Vater eine königliche Jagdhütte errichten lassen.

Ludwigs neues Schloß unterschied sich trotz seines gefälligen Äußeren und seiner anspruchsvollen Innenausstattung in einer Hinsicht ganz markant von allen anderen Königsschlössern: Es wies die Dimensionen eines „Zwergenschlosses" auf. Alles wurde hier bewußt klein gehalten, bis auf die riesige Fontäne, die sogar höher aufstieg als jene von Versailles. Sie diente einem geschickten optischen Trick , indem sie das winzige Schloß nicht kleiner, sondern schlichtweg weiter entfernt wirken ließ. Dadurch erhielten Park und Schloß eine räumliche Tiefe, die es in Wirklichkeit nicht gab.

Ludwig komplettierte sein Schlößchen durch eine kurze Kaskade mit einem Monopteros-Tempel, eine Einsiedelei und vor allem eine große künstliche Grotte, die auf einem Motiv der Tannhäusersage beruht (siehe Neuschwanstein!).

Schloß Nymphenburg - Sommerresidenz der Wittelsbacher

Das heutige pompöse Schloß entstand ab dem frühen 18. Jahrhundert durch den Ausbau einer

kleinen, 1664-76 errichteten „italienischen" Villa. Diese steckt noch immer im Mittelbau des Schlosses.

Zur Geburt seines Sohnes und Thronfolgers Max Emanuel im Jahre 1662 schenkte Kurfürst Ferdinand Maria seiner Frau Adelaide von Savoyen eine Hofmark westlich der Stadt München. Seine temperamentvolle und intelligente junge Frau errichtete hier kurz darauf eine Sommervilla im italienischen Barockstil mit kleinem Lustgarten. Einziger Schmuck des schlichten Gebäudes waren Freitreppen auf der Hof- und Gartenseite.

Diesen bescheidenen Sitz erweiterte Kurfürst Max Emanuel ab dem frühen 18. Jahrhundert zu einer weitläufigen, streng symmetrisch geplanten Schloßanlage inmitten eines riesigen Parks. Für seinen Neubau verpflichtete Max Emanuel französische, italienische und deutsche Künstler sowie Kunsthandwerker aus den berühmtesten Kunstzentren. Seine Architekten waren der Graubündener Zuccalli, der Dachauer Gärtnersohn Joseph Effner und der Wallone Francois Cuvilliés. Diese ehemalige Sommerresidenz der Wittelsbacher ist bis heute nahezu unverändert in ihrem ursprünglichem Zustand erhalten geblieben.

Zunächst ließ der Kurfürst die bestehende Villa neu durchfenstern, versah sie mit Galerien und seitlichen Pavillons und machte sie zum dominanten Mittelbau eines prachtvollen Schlosses, das nun seitliche Flügelbauten, einen Marstall und eine Orangerie aufwies. Einige Innenräume wurden zeitgemäß im französischen Geschmack eingerichtet. Glanzpunkt war der lichtdurchflutete und farbenfrohe Steinerne Saal, den Kurfürst Max III. Joseph später in ein prächtiges Rokokogewand kleidete.

Der kleine Lustgarten wurde ab 1702 auf ca. 200 Hektar Gesamtfläche erweitert und mit weit ausgreifenden Blickachsen, Wasserkanälen sowie ausgedehnten Ziergebüschzonen ausgestattet.

Drei kleine Nebenschlößchen bereicherten die barocke Parklandschaft. Seitlich des Wasserhauptkanals ließ Max Emanuel von Joseph Effner die Pagodenburg und die Badenburg errichten. Die Pagodenburg war als Teepavillon gedacht. Ihre Ausstattung mit Chinesischem Salon, Kabinett, Lackmalereien und chinesischen Reisstrohtapeten erhebt sie zu einem herausragenden Beispiel der europäischen Chinamode. Die Badenburg stellte ein bewohnbares Badeschlößchen dar. Das ungewöhnlich große Schwimmbecken konnte sogar beheizt werden, was im Europa des 18. Jahrhunderts einmalig war.

Als intimer Rückzugsort von den Staatsgeschäften sollte die Magdalenenklause dienen, die Johann Effner im Stil einer künstlichen Ruine erbaute. Ihr Inneres gleicht mit der grottenartigen Kapelle und den spartanisch eingerichteten Wohnräumen einer klösterlichen Einsiedelei.

Mit der Amalienburg schmückt heute ein viertes Schlößchen den Nymphenburger Park. Kurfürst Carl Albrecht ließ sie 1734-1739 für die Kurfürstin Maria Amalia als Jagd- und Lustschlößchen errichten. Der zierliche, eingeschossige Bau, von Francois Cuvilliés d. Ä. entworfen, wird oft als schönstes deutsches Rokokoschlößchen bezeichnet und besticht in seinem Inneren durch den runden, reich dekorierten, blauwandigen Spiegelsaal unter der Kuppel.

Der Mitteltrakt des Schlosses erfuhr durch die Kurfürsten Max III. Joseph und Max IV. Joseph weitere Umgestaltungen. Unter König Ludwig I. von Bayern (1825-48) wurde der ehemalige Speisesaal in eine Schönheitsgalerie verwandelt. Ausgestellt wurden Portraits der schönsten Frauen der damaligen Zeit.

Schloß Weißenstein -
Produkt des „Teufelsbauwurmb"

Blick in das grandiose Treppenhaus des Mittelbaues, das zu den großartigsten Schöpfungen barocker Innenarchitektur zählt. Fürstbischof Lothar Franz von Schönborn half selbst beim Entwurf mit. Das Deckengemälde stammt von Johann Rudolf Byss und zeigt, wie Phoebus Apoll den vier Erdteilen Licht spendete.

Viele Fürsten des 17. und 18. Jahrhunderts befiel damals der „Bauwurmb" - wie sie es selbst nannten. Lothar Franz von Schönborn (1655-1729), Fürstbischof von Bamberg, Kurfürst-Erzbischof von Mainz, Erzkanzler des Reiches und Bauherr von Schloß Weißenstein in Pommersfelden, bezeichnete sich selbst sogar als von einem „Teufelsbauwurmb" besessen, der ihn bausüchtig mache. Seine Bauleidenschaft diente aber nicht nur der glorreichen Selbstdarstellung, sondern sollte auch seine profunden Kenntnisse der aktuellen Architekturstile und Baumoden illustrieren. Franz Lothar griff daher höchstpersönlich, wie viele seiner Kollegen, aktiv in die Bauplanungen ein. Mit Weißenstein schuf er ein Hauptwerk des fränkischen Barocks.

Die Grafen von Schönborn besetzten damals dank ihres politisches Geschickes zahlreiche weltliche und geistliche Machtpositionen, stellten u.a. die Fürstbischöfe von Bamberg, Würzburg, Speyer, Worms und die Kurfürst-Erzbischöfe von Mainz und Trier sowie den Reichsvizekanzler in Wien.

Lothar Franz war eine ihrer herausragenden Persönlichkeiten. Dank einer größeren Zuwendung des Kaisers verfügte er über die notwendigen finanziellen Mittel, um nahe seiner bischöflichen Residenz Bamberg ein monumentales Privatschloß zu errichten, das er als ländlichen Sommersitz und als Jagdschloß zu nutzen gedachte.

Das in relativ kurzer Bauzeit zwischen 1711 und 1718 erbaute Schloß Weißenstein zeigt hufeisenförmig angeordnete Gebäudetrakte, die durch leicht erhöhte Eckpavillons miteinander verbunden werden.

Den architektonischen Höhepunkt bildet der Mittelbau, dessen Giebel das Wappen des Bauherrn trägt und von einer Figur Merkurs, dem Gott des Handels, gekrönt wird - was natürlich ein interessantes Licht auf den geistlichen Bauherrn wirft. Das Gebäudeinnere besteht zur Gänze aus einem spektakulären und äußerst intelligent entworfenen Treppenhaus, das mit seiner doppelläufigen Treppe und seiner raffinierten Konzeption als eine der großartigsten Raumschöpfungen des deutschen Barocks gilt, und das der Fürstbischof als sein eigenes „Meisterstück" bezeichnete.

Neben der prachtvollen Außengliederung sind im Inneren des Schlosses gut erhaltene Prunk- und Wohnräume zu bewundern - wie der große Marmorsaal im Hauptgeschoß mit seiner monumentalen Säulenarchitektur oder der ovale Grottensaal im Erdgeschoß, der sich zum Garten hin öffnet.

Das dreiflügelige Hauptgebäude des Schlosses wird von dem schmuckvollen Mittelbau beherrscht. Zweigeschossige Säulenpaare und Pilaster heben ihn deutlich von seiner Umgebung ab und betonen seine besondere Bedeutung.

Die Salzburg -
Riesenburg aus sieben Kleinburgen in Bayern

Das Luftbild zeigt schön, wie sich die dreieckige Burganlage in insgesamt sieben Kleinburgen aufteilt. Trotz vieler Umbauten ab dem 16. Jahrhundert haben sich die spätromanischen und frühgotischen Bauten gut erhalten. Rechts ist die gewinkelte Frontseite mit ihren vier Türmen, darunter der hohe Torturm im Zentrum, zu erkennen. Im Burghof steht die 1841 neu erbaute Burgkirche. Am linken Burgende liegt der noch intakte Voitsche Ansitz, heute Wohnsitz des Freiherrn von Guttenberg.

Optisch dicht bedrängt vom unansehnlichen Kasten der Rhön-Klinik erhebt sich von einem Bergausläufer oberhalb des alten Städtchens Bad Neustadt an der Saale majestätisch die riesige Burganlage der Salzburg.

Verwirrend ist auf den ersten Blick die Vielfalt von Türmen, Häusern und Mauern, erstaunlich die enorme Weitläufigkeit der Burganlage: Neun Türme und Häuser sowie eine Kirche verteilen sich noch heute über eine dreieckige Grundfläche von fast 11.000 qm Größe, umschlossen von einer 410 m langen Ringmauer. Doch sobald man den Grundriß der Burg betrachtet, ordnet sich das vermeintliche Gewirr bald zu klaren, ja sogar planmäßigen Strukturen.

Die Salzburg ist zweifelsohne eine außergewöhnliche Burg, mit der sich folglich alle namhaften Burgenforscher befaßten. Selbstredend gelangten sie zu den unterschiedlichsten Ergebnissen. Einige datierten die Salzburg in die Vorgeschichte, andere wiederum in das Frühmittelalter; einige hielten sie für jene Königspfalz, die schon im Jahre 790 von Karl dem Großen besucht worden war, andere für jene Burg, die König Otto III. im Jahre 1000 dem Bistum Würzburg schenkte. Wiederum andere meinten, sie sei schlichtweg eine Gründung der salischen Könige im 11. Jahrhundert. Nichts davon stimmte.

Die frühmittelalterliche Pfalz Salz lag vermutlich auf dem drei Kilometer entfernten Veitsberg, wo archäologische Grabungen karolingische Bauten freilegten. Unsere Salzburg wurde erst im späten 12. Jahrhundert erbaut, allerdings schon in der heutigen Größe, weil die umlaufende Ringmauer zum ältesten Baubestand gehört. Hinter der Mitte der langen gekrümmten Frontseite stand ein kleiner Torbau, während beide Frontenden vornehme Wohnbauten für den Schultheiß sowie den Vogt enthielten. In den nächsten Jahrzehnten kamen neben den Fronttürmen und dem großen Torturm fünf weitere Ansitze oder Kleinburgen hinzu, so daß Mitte des 13. Jahrhunderts sieben Kleinburgen und eine Burgkirche den Innenhof unter sich aufteilten. Zur gleichen Zeit werden mehrere Dienstmannen auf der Salzburg genannt, die sieben lokalen Adelsfamilien angehörten. Sie alle residierten hier, indem sie Verwaltungsaufgaben für den obersten Burgherrn, den Bischof von Würzburg, übernahmen. Die Salzburg diente demzufolge als Verwaltungszentrum für die umliegenden ausgedehnten bischöflichen Besitzungen. Wenngleich ihre Mauern auf den ehemaligen Wällen einer vorgeschichtlichen Fliehburg stehen mögen, hatte der Würzburger Bischof von Anfang an diese riesige Ganerbenburg oder Mehrfamilienburg geplant. Dadurch unterscheidet sie sich markant von anderen Ganerbenburgen, wie der berühmten Burg Eltz, die im Laufe der Zeit wiederholt nach außen wuchsen. Bei der Salzburg geschah genau das Gegenteil: Die Burg wuchs nach innen. Jede dieser Kleinburgen hatte ihren eigenen Bergfried oder Wohnturm sowie einen Palas mit Nebengebäuden. Der höchste, wichtigste und schönste Turm aber - der Torturm mit seinem herrlich verzierten Portal - gehörte symbolträchtig dem Hausherrn, dem Bischof höchstpersönlich, der damit seine Macht sowohl nach außen wie auch nach innen entfaltete.

Das Zusammenleben so vieler Wohnparteien und all ihrer Gefolgsleute auf so engem Raum verlief natürlich nicht nur friedlich, zumal es Dinge gab, die man miteinander teilen und warten mußte - wie den Burgweg, die Burgkirche und den Burgbrunnen. Damit durch Verkäufe oder Vererbung nicht unerwünschte Familien Besitzanteile an der Burg erwarben und innerhalb der Parteien der Frieden geregelt blieb, wurden sog. Burgfriedensverträge ausgearbeitet. Ein solcher aus dem Jahre 1434 ist hier erhalten geblieben. Ihm zufolge hatte jeder Burgmann zehn Wochen lang tournusmäßig die Burghut zu übernehmen, d.h. die Torschlüssel zu verwahren, das Burgtor morgens zu öffnen und abends zu schließen, die Burg ordentlich zu verwalten, alle erforderlichen Reparaturen durchzuführen und alle Ausgaben abzurechnen.

Vorgeschrieben wurde weiterhin, wieviele Kriegsknechte jeder Burgmann in Friedens- und Kriegszeiten, neben Waffen, Mehl und Korn, bereitzustellen hatte. Doch sinnvoll verteidigen ließ sich die viel zu große Burganlage zu keiner Zeit, so daß ihre Bedeutung schon im 16. Jahrhundert spürbar abnahm.

Dieser sehr interessante Stich von 1722 zeigt die Salzburg von Nordwesten. Obwohl die Burg in sich verdreht und stark überhöht dargestellt ist, erkennt man gut einige Gebäude, die kurz darauf abgebrochen wurden.

Veste Coburg - „gutes Ei der Henne"

Als „Krone Frankens" hat man die Veste Coburg des öfteren tituliert. Nicht unberechtigt, denn die majestätische Burganlage mit ihrer turmreichen Silhouette auf großem Dolomitfelsen erinnert in der Tat an eine mehrzackige Krone.

Mit der Burg sind vor allem zwei berühmte Namen verbunden: Martin Luther und Lucas Cranach der Ältere.

Martin Luther, der bedeutende Reformator, auf den wir in der Wartburg als Junker Jörg nochmals stoßen werden, hielt sich vom 23. April bis zum 5. Oktober 1530 als Gast des sächsischen Kurfürsten Johann des Beständigen in der Veste auf. Hier erwartete er ungeduldig seine Einladung auf den Reichstag zu Augsburg, wo er seine reformatorischen Thesen vorzutragen gedachte. Doch die bornierten Teilnehmer des Reichstages verzichteten auf seine Anwesenheit und beschlossen ohne ihn die Augsburger Konfession, die noch heute die Grundlage des evangelischen Glaubens bildet. Luther blieb in den langen Stunden, Tagen, Wochen und Monaten vergeblichen Wartens allerdings nicht untätig und entfaltete eine rege literarische Tätigkeit auf der Veste Coburg.

Ein Zeitgenosse Martin Luthers war Lucas Cranach der Ältere aus dem benachbarten Kronach, der gemeinsam mit Albrecht Dürer zu den großen Künstlern seiner Zeit zählte. Im Jahre 1505 hatte ihn Kurfürst Friedrich der Weise zu seinem Hofmaler bestellt. Cranach dankte es ihm, indem er schon im folgenden Jahre auf dem Hintergrund seines Holzschnittes „Martyrium des Heiligen Erasmus" die Veste Coburg detailgetreu abbildete und damit die älteste erhaltene authentische Darstellung schuf. Lucas Cranach war es auch, der uns ein Abbild von Martin Luther alias „Junker Jörg" (siehe Wartburg) hinterließ. Als er für seinen hohen Herrn ein neues Wappen entwerfen sollte, mahnte ihn dieser, die Henne gut zu malen, weil sie dem Hause Sachsen ein gutes Ei gelegt habe. Mit der „Henne" bezog sich der Kurfürst auf die Grafen von Henneberg, mit dem Ei auf die Burg und Herrschaft Coburg: Die Grafen von Henneberg hatten den „mons coburg" im Jahre 1353 dem Haus Wettin vererbt. Die Grafschaft erwies sich für die Wettiner nicht als faules Ei, sondern brachte den späteren Kurfürsten von Sachsen offenbar Glück.

Die Veste blickt auf eine lange Geschichte zurück. Das vorgeschichtlich besiedelte Gipfelplateau trug im 11. Jahrhundert ein Kloster, das vor 1225 durch eine erste Steinburg ersetzt wurde. Die Grafen von Henneberg und deren Rechtsnachfolger, die Markgrafen von Meißen bzw. Kurfürsten von Sachsen, bauten in den nachfolgenden Jahrhunderten sehr viel an der Burg, die schließlich im 17. Jahrhundert in eine mächtige Festung umgestaltet wurde. Dennoch verkam sie bald darauf zu einem Zuchthaus, Krankenhaus und sogar zu einer Irrenanstalt.

Bemerkenswert ist, was ab 1838 mit der Veste geschah: Inspiriert und fasziniert von den Burgenrestaurierungen am Rhein, ließ Herzog Ernst I. das Burgschloß zeitgemäß durch den bekannten Architekten Karl Alexander von Heideloff neugotisch umgestalten. Die Türme wurden überhöht, die Mauern mit unzähligen Zinnen und Erkern geschmückt, eine verschnörkelte Burgsilhouette geschaffen.

Die „Krone Frankens" von Westen. Über einem äußeren Festungsring ragt stolz die Hauptburg auf. Sie gehört hauptsächlich den Jahrzehnten um 1500 an, enthält aber auch älteres Mauerwerk. Aus der ersten Bauphase des frühen 13. Jahrhunderts stammt z.B. der sog. „Blaue Turm" (links), der ursprünglich als Torturm diente. Die Burg wurde 1906-24 in einen romanischen Bauzustand zurückgebaut, wobei viele Bauten neu hinzugefügt wurden. So z.B. der Carl-Eduard-Bau, dessen Dach in der Bildmitte sichtbar ist.

Der berühmte Maler Lucas Cranach der Ältere arbeitete viel auf der Burg, die er als Hofmaler mit neuen Fresken ausstattete. Im Jahre 1518 schuf er dieses Bildnis der Lucretia.

Doch Ende des 19. Jahrhunderts hatte sich der ohnehin wankelmütige Zeitgeist mal wieder entscheidend gewandelt: Die Gotik, mittlerweile entlarvt als französischer Baustil, war jetzt verpönt, dafür die Romanik als wiederentdeckter „deutscher" Baustil um so gefragter. Herzog Carl Eduard von Sachsen beauftragte daraufhin den bekannten Baumeister Bodo Ebhardt (siehe Marksburg!) mit dem Rückbau der Veste in den ursprünglichen Zustand. Paradoxerweise verwandelte sich die Veste unter Ebhardt 1906-1924 von einem hübsch anzusehenden Bergschloß in eine viel zu wehrhafte Höhenburg. Als solche präsentiert sie sich heute noch trotz schwerer Beschädigungen im Zweiten Weltkrieg. Unbedingt sehenswert sind in ihrem Inneren die bedeutenden Kunstsammlungen und die hervorragende Kutschen- und Waffensammlung.

Wartburg –
wo Luther den Teufel traf und verfehlte

Über neun Jahrhunderte deutscher Geschichte stecken in den ehrwürdigen Mauern der Wartburg, deren Gründung in das Jahr 1067 zurückreicht. 1157/58-62 erbaute Landgraf Ludwig II. die unteren drei Stockwerke des herrlichen Palas, der um 1190 aufgestockt wurde und in dem 1206/07 der berühmte Sängerkrieg stattgefunden haben soll.

Die Wartburg zählt heute zu den berühmtesten Nationaldenkmälern Deutschlands. Hier soll im Jahre 1206/07 der berühmte Sängerkrieg stattgefunden haben, hier lebte die heilige Elisabeth, hier übersetzte Luther die Bibel, hier organisierten sich im Jahre 1817 fünfhundert junge protestantische Burschenschaftler zur ersten bürgerlich-demokratischen Oppositionsversammlung Deutschlands.

Vielleicht wäre dennoch alles ganz anders gekommen, hätte nicht Johann Wolfgang von Goethe der verwahrlosten Burg im Jahre 1777 einen ersten Besuch abgestattet und sich an ihr begeistert. Sein Bemühen, die Wartburg wieder in das Bewußtsein seiner Zeitgenossen zurückzuholen, wirkte lange genug nach, um Erbgroßherzog Carl Alexander von Sachsen-Weimar-Eisenach um 1838 den glücklichen Entschluß fassen zu lassen, die Wartburg zu restaurieren.

Die Vergangenheit der Wartburg reicht der Sage nach bis in das Jahr 1067 zurück, als Graf Ludwig der Springer auf dem prominenten Fels eine erste Burg errichtete. Hier soll er während einer Jagd gerastet und voller Begeisterung ausgerufen haben: „Wart', Berg, du sollst mir eine Burg werden" - woraus sich der Burgname ableitete.

Seine Nachfahren, die Ludowinger, seit 1130 in den Landgrafenstand erhoben, erlangten durch geschickte Wirtschafts-, Heirats- und Territorialpolitik große Macht in Thüringen, später auch in Hessen (siehe Schloß Marburg!). Unter allen ihren Sitzen nahmen ihre beiden thüringischen Burgen Wartburg und Weißensee eine herausragende Stellung ein.

Neuesten gesicherten Erkenntnissen zufolge begann Landgraf Ludwig II. im Winter 1157/58 mit dem Bau der heutigen Burg, als er die drei unteren Stockwerke des Palasbaues errichtete. Nach 1190 stockte Landgraf Hermann I., ein ob seiner Freizügigkeit vielgerühmter Förderer der höfischen Epik, den Palas auf, um mehr Gäste bewirten zu können. Zu diesen zählten viele bekannte Dichter und Sänger wie Walther von der Vogelweide und Wolfram von Eschenbach, der 1203 und 1204 am Thüringer Hof Teile seines Werkes „Parsifal" verfaßte. Landgraf Hermann I. war es auch, der hier angeblich im Jahre 1206/07 den berühmten Sängerwettstreit veranstaltete.

Sein Sohn Ludwig IV. ehelichte die ungarische Königstochter Elisabeth, die schon im zarten Alter von vier Jahren 1211 auf die Wartburg kam und zwanzig Jahre später verstarb. Sie überlebte dabei ihren Gatten nur um vier Jahre und wurde schon 1235 wegen ihrer außergewöhnlichen Mildtätigkeit heiliggesprochen. Sie gründete mehrere Hospitäler und widmete ihr Leben der Fürsorge und Pflege von Armen und Kranken. An sie erinnert heute die 1902-06 eingerichtete Elisabethkemenate.

Die Wartburg verlor trotz mehrerer Um- und Ausbauten danach beständig an Bedeutung. Nichtsdestotrotz beherbergte sie 1521-22 nochmals eine weithin berühmte Persönlichkeit. Aufgrund seiner Reformbestrebungen war der Augustinermönch und Theologieprofessor Martin Luther nach dem Thesenanschlag von Wittenberg in den päpstlichen Bann und in Reichsacht geraten. Zu seinem Glück sympathisierten viele der Fürsten mit ihm, darunter auch Friedrich der Weise von Sachsen. Der ließ Luther kurzum am 4. Mai 1521 - zu seinem Besten - auf die Wartburg entführen, wo er sich Bart und Haare wachsen ließ, sich als Ritter verkleidete und als „Junker Jörg" ausgab. Derart getarnt, konnte Luther ungestört das Neue Testament unter Zugrundelegung des griechischen Urtextes in die deutsche Sprache übertragen. Ein karg eingerichteter, vertäfelter Raum blieb bis zum 1. März 1522, als er die Wartburg wieder verließ, um sich den Unruhen in Wittenberg entgegenzustellen, sein bescheidenes Domizil. Dort erschien ihm der Legende nach auch der Teufel, den er mit einem Tintenfaß-Wurf zu vertreiben versuchte. Hiervon zeugte lange ein Tintenfleck, dessen emsige Auffrischungsversuche schon 1777 Goethe mit Amüsement konstatierte.

Medaille mit dem Abbild Martin Luthers. Sie wurde 1546 anläßlich seines Todes angefertigt.

Medaille mit dem Abbild Philipp Melanchthons. Er war neben Luther der wichtigste Reformator.

Blick in die Lutherstube. Hier übersetzte Luther 1521-22 das Neue Testament in die deutsche Sprache. Ebenso erschien ihm in diesem Zimmer angeblich auch der Teufel, dem Luther ein Tintenfaß nachwarf.

Große Aufmerksamkeit erregte auch die Wiederherstellung der Wartburg durch den jungen Gießener Architekturprofessor Hugo von Ritgen ab 1846. Während andere Architekten die Burg in ein pompöses neugotisches Phantasieschloß verwandeln wollten, projektierte von Ritgen eine behutsame Rekonstruktion der romanischen Bauteile unter Erhöhung der Silhouette und unter Zufügung malerischer Details wie Erker und Zinnen.

Im Palasinneren wurden Elisabethgalerie, Landgrafenzimmer und Sängersaal durch Moritz von Schwind mit Freskenzyklen ausgeschmückt. Der Festsaal erfuhr bis 1867 eine prunkvolle Neuausgestaltung durch Michael Welter. Die Elisabethkemenate wurde dagegen erst 1902-06 durch Glasmosaiken verziert.

All diese Pracht hätte der Palas freilich gar nicht nötig gehabt, denn er gilt als besterhaltener romanischer Profanbau nördlich der Alpen. Zur Hofseite hin kennzeichnen ihn drei Laubengänge mit Fensterarkaden. Der Bauschmuck ist exzellent gearbeitet, insbesondere die wundervollen Kapitelle zeugen von höchster handwerklicher Fertigkeit. Rittersaal, Speisesaal und Kapelle vermitteln romanisches Raumgefühl auf außergewöhnlich authentische Art und Weise.

Sehenswert ist auch die umfangreiche Kunstsammlung, die über 8.000 Exponate vom 12. bis zum 19. Jahrhundert umfaßt, darunter eine schöne textile Sammlung.

Blick in die Elisabethkemenate, die 1902-06 im Auftrag von Kaiser Wilhelm II. mit einem Glasmosaik aus mehr als einer Million bunter Glassteinchen ausgestattet wurde. Hier soll die heilige Elisabeth bis 1228 gewohnt haben.

Postalische Adressen der beschriebenen Burgen und Schlösser:

Seite 8 Festung Königstein
Staatlicher Schloßbetrieb
01824 Königstein

Seite 10 Burg Stolpen
Staatliche Schloßbetriebe
Schloßstr. 10
01833 Stolpen

Seite 12 Burg Gnandstein
Dorfstr. 1
04655 Gnandstein

Seite 14 Zwinger Dresden
Ostra-Allee
01067 Dresden

Seite 18 Museum Burg Querfurt
Burg
06268 Querfurt

Seite 20 Schloß Bernburg
06406 Bernburg

Seite 22 Schloß Altenburg
Schloß 2-4
04600 Altenburg

Seite 26 Schloß Charlottenburg
Stiftung Preußische
Schlösser und Gärten,
Berlin-Brandenburg
Luisenplatz
14059 Berlin

Seite 28 Schloß Sanssouci
Stiftung Preußische
Schlösser und Gärten,
Berlin-Brandenburg
Park Sanssouci
14414 Potsdam

Seite 30 Alte Burg
Stadt Neustadt-Glewe
Alte Burg 1
19306 Neustadt-Glewe

Seite 32 Schloßtheater Celle
Schloßplatz 1
29221 Celle

Seite 34 Dornröschenschloß
Sababurg
Familie Koseck
34369 Hofgeismar
(Sababurg)

Seite 36 Schloß Wilhelmshöhe-
Weißensteinflügel
Schloßpark 3
34131Kassel/
Wilhelmshöhe

Seite 38 Landgrafenschloß Marburg
35037 Marburg

Seite 40 Kaiserpfalz Goslar
Kaiserbleek 6
38640 Goslar

Seite 44 Schloß Ahaus
Sümmermannplatz
48683 Ahaus

Seite 46 Burg Vischering
Berenbrock 1
59348 Lüdinghausen

Seite 48 Schloß Stolzenfels
56075 Koblenz

Seite 50 Reichsburg Cochem
Schloßstr. 36
56812 Cochem

Seite 54 Burg Trifels
76855 Annweiler

Seite 56 Marksburg
56338 Braubach

Seite 60 Burg Eltz
56294 Münstermaifeld

Seite 64 Burgruine Münzenberg
35516 Münzenberg

Seite 66 Wasserschloß Mespelbrunn
63875 Mespelbrunn

Seite 68 Schloß Heidelberg
Schloßhof 1
69117 Heidelberg

Seite 70 Burg Hohenzollern
72379 Burg Hohenzollern

Seite 74 Festung Hohenasperg
71674 Asperg

Seite 76 Stadtverwaltung Rothenburg
Marktplatz 1
91541 Rothenburg o.d. Tauber

Seite 80 Kaiserburg Nürnberg
Auf der Burg 13
90403 Nürnberg

Seite 82 Burg Prunn
93339 Riedenburg

Seite 84 Burg Trausnitz
84036 Landshut

Seite 88 Burg Burghausen
Burg Nr. 48
84489 Burghausen

Seite 92 Burgruinen
Eisenberg/Hohenfreyberg
87637 Eisenberg/Zell

Seite 94 Schloß Neuschwanstein
Neuschwansteinstr. 20
87645 Schwangau

Seite 96 Schloß Linderhof
Linderhof 21
82488 Ettal

Seite 98 Schloß Nymphenburg
Eingang 1
80638 München

Seite 100 Schloß Weißenstein
96178 Pommersfelden

Seite 102 Burg Salzburg
97616 Bad Neustadt
a.d. Saale

Seite 104 Veste Coburg
96450 Coburg

Seite 106 Wartburg-Stiftung
99817 Eisenach